U0948230

后青春
优雅地老

Beyond Young
Get Along with Your Golden Age

中国财富出版社

图书在版编目（CIP）数据

后青春：优雅地老／丘引著．—北京：中国财富出版社，2015.1

ISBN 978－7－5047－5447－9

Ⅰ.①后…　Ⅱ.①丘…　Ⅲ.①老年人—生活—通俗读物　Ⅳ.①Z228.3

中国版本图书馆 CIP 数据核字（2014）第 250041 号

原著作名：《后青春，优雅的老》

原出版社：宝瓶文化事业有限公司

作　　者：丘　引　著

著作权合同登记号　图字：01－2014－6085

策划编辑	张艳华	**责任印制**	方朋远
责任编辑	张彩霞	**责任校对**	饶莉莉

出版发行	中国财富出版社		
社　　址	北京市丰台区南四环西路 188 号 5 区 20 楼	**邮政编码**	100070
电　　话	010－52227568（发行部）		010－52227588 转 307（总编室）
	010－68589540（读者服务部）		010－52227588 转 305（质检部）
网　　址	http://www.cfpress.com.cn		
经　　销	新华书店		
印　　刷	北京京都六环印刷厂		
书　　号	ISBN 978－7－5047－5447－9/Z·0002		
开　　本	710mm×1000mm　1/16	**版　　次**	2015 年 1 月第 1 版
印　　张	15.5	**印　　次**	2015 年 1 月第 1 次印刷
字　　数	187 千字	**定　　价**	32.00 元

好评推荐

有人会对“老”这么有信心，这么期待，并非寻常。对很多人来说，“老”多少会带来焦虑与不安。壮年有成的，常缅怀过去；壮志未酬的，想加班赶工；准备不及的，怕老来孤苦；无从准备的，任岁月摆布。总之，对大多数人来说，老是无从回避的，但可以让它迟到、晚到或压缩到无感。丘引以一位刚开始研习老人学课程的中高龄女性，竟然可以把老化准备写得这么传神。连我这个研究高龄社会的学者都看得津津有味。佩服！

——林万亿（台湾大学社会工作学系教授、台湾老人学学会理事长）

中国，高龄人口全球第一（大陆版序）

丘　引

我非常开心《后青春：优雅地老》就要在大陆出版了。中国是全世界老年人口最多的国家，但因为才进入高龄化社会很短的时间，没有准备好应对人口老化时代的来临，老年问题将成为中国社会相当大的挑战。而《后青春：优雅地老》这本书，正可以提供给大家一个最好的窗口，深呼吸一下，看看台湾地区和美国在老年化社会是如何应对的，尤其是美国的老人如何优雅地老。

我在中年时到美国的大学就读数学系时，因对老年人兴趣高，就修了“老年学”这门课程，并为即将进入这一“黄金年华”阶段的人写了本书。

依据联合国（UN）对人口老化及高龄的社会定义，一个社会上有7%以上65岁的人，就是进入高龄化社会。而中国是1999年开始进入高龄化社会的。也因此，1999年10月经党中央、国务院批准成立全国老龄工作委员会，为国务院主管全国老龄工作的高层议事协调机构。

高龄化社会是全球的趋势。从欧洲开始，也就是第二次世界大战后，那些富裕的工业国家，如德国、英国、瑞典、美国等领头，因经济成长、医学进步、社会安全提高，教育更普及等因素，逐渐进入高龄化社会。因此，先富后老，是典型的高龄化社会现象。而中国进入高龄化社会时间不长，算是很年轻的国家。中国与众不同的是，未富先老，也就是国民所得尚未达到一般高龄化社会的条件，却已经进入高龄化社会了。

根据联合国的预测，21 世纪上半叶，中国是全世界高龄化人口最多的国家，占了全世界高龄人口的 1/5 强。而 2030 年，中国将有 2.4 亿高龄人口；到 2050 年则上升到 4.6 亿。这样庞大的高龄人口所带来的社会影响，尤其在经济面上，将是非常巨大的。

再根据“世界观察研究所”（Worldwatch Institute）的观察，人口老化和性别失衡，将是中国 13 亿人口结构下所隐藏的大危机。这个意思可以解释成，将来谁来养 65 岁以上的人？因为一胎化政策，太少的孩子要养太多的老人，负担沉重；还有高龄化、少子化、男性化，都是中国社会的特殊结构。

因此，为了解决高龄化社会的困境，2013 年中国通过一项新法律《老年人权益保障法》，也就是通称的《孝顺法》。换句话说，就是要通过法律要求子女“孝顺父母”。例如《孝顺法》规定，当孩子的人，“应当妥善安排老年人的住房”，“应当提供医疗费用”，“照顾老年人的特殊需要”……这就是说，不论年轻人是否有意愿或有能力要照顾年老的父母，他们都不得不那样做。不过，中国的领土广大，住房紧张，加上现代人工作求学全球化，因此，这个法律要落实，有其现实面的困难。

再根据《中国人口老龄化发展趋势预测研究报告》指出，和其他国家相比，中国的高龄人口有七大特点：

1. 高龄人口庞大，如前所说，3 亿～4 亿，将成为常态。

2. 21 世界上半叶，中国是全球高龄人口最多的国家，居 1/5 强。

3. 老龄化发展迅速，一般从 7% 上升到 14% 的高龄人口，发达国家用 45 年，中国则更短。

4. 地区不平衡，如中国高龄人口是由东向西倾斜，沿海地区的经济实力高，如上海于 1979 年就进入高龄化社会，但宁夏却迟至 2012 年，最早和最慢之间相差长达 33 年。

5. 城乡倒置显著，农村高龄人口高于城镇 1.24 个百分点，这样的情况会延续到 2040 年，城镇的高龄人口才会超过农村。这是中国与世界先进国家最大的差异。

6. 女性老年人口高于男性，这是全球的趋势，但中国目前的女性老年人口多于男性 464 万，到 2049 年时，将达到 2645 万的高峰。21 世纪的下半叶，女性的高龄人口比男性高龄人口多的数量，将维持在 1700 万～1900 万。而多出来的女性高龄人口，有高达 50%～70% 的人是 80 岁以上的人。

7. 老龄化超前现代化，也就是中国和其他国家相反的地方，中国是未富先老（国内生产总值超过 1000 美元），而其他先进国家（国内生产总值 5000～10000 美元）不是先富后老就是富老同步。这是非常有趣的现象，为什么中国会是未富先老呢？

针对老人提出的“五个保证”：足够的食物、衣服、住房、医疗、丧葬服务，相对应于老人面对的“五个难题”：年老、孤独、病患、衰弱、贫穷，其实不只是中国独有的问题，也是全球的高龄化困境，更是城乡差距的特色。

中国人向来讲究，“幼有所养，老有所终”，又讲究孝顺和尊敬老人，但随着农业化社会的式微，走向工业化社会，以及信息的发展，老年人在应变能力上低弱，其重要性自然下降，社会地位也逐渐滑落，局势随之改变。

而且，中国的老人以前喜欢三代同堂，甚至是四代同堂或五代同堂，过去，老年人问题因为多代同堂分担了属于社会的责任，没有浮出台面。现在不同，由于教育普及，健康水平提高，加上经济能力的关系，老年人养老的方式也在改变中。根据2000—2006年的调查，老年人和子孙同住的比例愈来愈低，也就是独居的比例上升了，在城市独居的老龄人口占了近半（49.7%），农村也高达近四成（38.3%）。

不只这样，长者养老的方式也在改变中，参加“退休金保险计划”的人上升的幅度快又高，2000年时，城市有23.4%的老人觉得“退休金保险计划”是最好的理财方式，才6年光景，就上升到半数的城市老人有这样的想法。农村的老人也不例外，跟着城市老人步伐跳跃。

显然，大家都把眼光放到如何养老上，不只是要基本的养老而已，还要如何优雅地老，老得优雅。毕竟，中国拥有全世界最多的高龄人口，不积极准备是来不及了。就让《后青春：优雅地老》陪你做最好的准备，让自己老得漂亮，老得帅气，老得迷人，也老得健康，这样才能老得优雅。

序

这本书是横跨台湾和美国写成的。六月份，从台湾回到在美国就读的大学小镇梅岗城，我继续未完成的书稿。我先在距住处步行五分钟路程的华盛顿图书馆写作，因气温太舒服，不需冷气，遂改成在自己的公寓继续埋头乐干。

我的公寓是很舒适，很宽敞明亮的地方，有两个房间、一个客厅、一个厨房和一个卫浴，但共有九扇大窗户。而且，每扇窗外都是绿油油的树，视野非常好，香气扑来，令人神清气爽。

于是，我大幅地调整了书的结构，加入更多美国的养老，让才进入老年社会二十年的台湾，得以向七八十岁的“老国”美国探头。我想，那样的老，会老得更迷人、更优雅、更健康，也更长寿。也因这样，我的书桌，有几十本从图书馆抱回来、关于美国老年的书做参考。

我将自己闭关，日夜不停地写。为了全心写作，我吃了不少慈济的香积饭、香积面，和美国超市的冷冻食物，以及自己用烤箱烤的各式面包、烤肉及烤蔬菜。那些省时省力快速的食品，解决了我写作时的民生问题。

这段时间写书的心情，非常舒爽和快乐。我中年到美国求学，在大学里，我主修数学，还跨心理系修“老年学”，就是想对自己的老年有所认知，提前做准备，同时也借此可以了解我的妈妈，和一些“老”朋友们晚年的处境。

我对自己还有九年就要进入老年世界的热爱，是有点疯狂的，很像探险一样，非常有诱惑力。我抱着无比的喜悦，要为自己创造一个永远活力十足，又优游自在的“老少年”。

二〇一三年二月底，我在东京机场转机回台湾。第二天天未亮，我迫不及待地起床，胡乱盥洗，衣服乱套，就赶紧穿越马路到家对面的植物园慢跑。

我像是点名官一样，一一地对在植物园运动的“老”朋友们点名。他们也欣喜地大叫：“你终于回来了！”

这是每一次我回台湾的戏码，老戏总是重演。每一次，我也为那些“老”朋友们拍照，顺势看看时间机器在他们身上施展的魔术。

跑了几圈，我发现一些“老”朋友不见了；却也同时发现，加入了一些新的“渐老”面孔。

植物园的一些“老”朋友都知道我在美国上大学。有的“老”朋友眼睛昏花，不好意思地问我：“你有三十好几吧！”知道我是四年级后，他们慷慨地说：“看不出来。”当他们知道我在美国读的是数学系，更是竖起大拇指说：“赞！”有的“老”朋友开玩笑道：“你这种年纪还敢到美国读大学，害我不敢老！”

原来，我在美国读大学，对“初老”“中老”和“最老”居然有影响，实在出乎我意料。

有的“老”朋友几天不见我去运动，见了面就说：“怎么只有初一、十五才看到你？”不经意中，泄露了他们难以排遣的寂寞。

有的渐老族推着婴儿车在植物园散步，也许因为染发，身材又保养得宜，脸上可能也拉了皮，笨拙的我实在看不出他们的实际年纪来，误以为推的是他们的孩子，猛赞美孩子多聪明漂亮，长得多像父母，答案却总是："是孙子，我老了，没啥价值了，现在是废物利用。"有点哀怨，就像弃妇。

三十几年不见的高中同学，在同学会中见到我，来不及寒暄问状况，就对我发出怒吼："你要去染发，这样至少可以年轻十岁。"还有一个同学甚至对我说："我受不了你头上的白发，拜托你去染染吧！"也许，我的白发刺痛了她们内心怕老的情结。

"可是，我喜欢我拥有的一切，包括年纪和白发。"同学听了我的抗辩，无不说我是怪咖。

后来碰到更多人，不论陌生或熟悉，也要我去染发。一个老来得子的朋友说，"不染发，不被孩子的同学误以为我是孩子的阿嬷才怪！"她告诉我："染发年轻二十岁，有利于亲子关系。"还有一个穿着很"辣"，自己开了一个公司的单亲朋友说她得赚钱养家："若不染发，谁和我做生意啊！"一个高中同学说："染发都已经被长官逼退，不染发还得了！"原来，台湾早就实施全民染发运动，看来健保局应该将染发列入健保给付，以利全民健康年轻。

在台湾停留三个半月，我几乎天天与"老"相处。朋友相聚，自是谈老。陌生人相遇，也谈老。唯有西门町，踢老。那儿一面倒，卖的衣服、饰品和饮料，几乎都是给俊俏迷人的年轻人。而相隔不远的龙山寺周遭，却是纯老。真是一样世界两样情。

六月十七日，我又搭机了。邻座是大学刚毕业的帅哥，和我用英语聊天。说是第一次出国，兴奋不已，要去美国蒙大拿州进行“打工三个月和旅行一个月”的打工旅行计划。他问我到美国做什么？“去读大学”，我说。

那年轻人看着我头上的白发，眼睛睁得像铜锣那么大：“你，你，你要去美国上大学？”

我差点想说，你少见多怪，但随即改口：“是啊！像我这样的大学生，在美国大学校园多的是。”

在亚特兰大下了机，我给独居十几年的好朋友安妮塔打电话，祝贺她八十六岁生日快乐。在话筒的那一端，精神奕奕的安妮塔很高兴地向我报告，晚上她的生日派对有谁谁参加，问我是否要来。“如果你要来，我可以派儿子到机场接你。我的生日派对会很好玩。”

我也给七十二岁的珍打电话，她是我的密友。珍立即向我诉说，她九十一岁的男友罗伊在逼婚。“我不想结婚。我觉得当男女朋友挺好的，各住各的，干吗要结婚？”“他要逼我就范，说有一个加拿大六十六岁的女人想来美国定居，要和他结婚。”我对珍说，那就让他结婚去吧！天下男人多的是，再找一个，不就得了！

在图书馆打工的八十几岁馆员芙朗，满脸皱纹，满头白发，动作虽缓慢，但没有稍减热情，看到我，她立刻放下手中的书，紧紧地拥抱我，“好久不见，欢迎你回来！”小学教职退休后，她转战图书馆工作迄今，说要做到死那天为止。芙朗已经独居几十年了。

这些现象都印证了我在大学修的“老年学”课程所读的，社会和文化影响人的思考，也影响了人的生活态度，更左右了“老”的速度。一个人老，还是一群人一起老，自有差别。

老不老，其实不在身份证的年纪，是在思维、在态度、在人生观、在价值观、在居住的国度有别，在于老得是否优雅而已。我很幸运，到了中年，有机会在到处都是“老得优雅”的国度，学习如何“优雅地老”。

我将年纪以我在美国大学教授给分的标准，更改为A = 九十岁以上，B = 八十岁以上，C = 七十岁以上，D = 六十岁以上。D是及格门槛，但会将总成绩拉低很多。而我，还在F徘徊，再过几年就要升格为D。我必须谦虚一点。

这是我和美国朋友们的对话，八十六岁的安妮塔是B+，图书馆的芙朗是B-，珍是C-，珍的男友罗伊是A-。她们很高兴我给她们的评分，总是对我说，她们还年轻得很，要多加努力。在台北，D的朋友我称呼他们是“红婴仔”；C的朋友我叫他们是“儿童”；B的朋友，我叫他们“少年吔”。A-、A和A+的朋友也不少，叫作“老少年”。我的酒友，一百岁的邻居林春朝先生听到我给他A+，说那是他无上的荣耀。“明年，你将可以进阶到荣誉课程（Honor Class）。”酒友听了，感动得想要立刻再登玉山，向大山致谢。

幽默和正向思考，是美国“年长者”的特色，他们还勇敢地拒绝社会加诸的“老人”称呼，说是歧视，必须以“年长者”（Elder或Senior）代替。

虽然我还在F，尚未进入D的门槛，我还是有备而来。

我有不少东方和西方的“老”友，看着他们的差异，我早早就警惕在心。加上中年在美国就读大学的多年经验，也不断地提醒我自己，老虽是自然规律，但不尽然要老得凄惨，老得孤僻。

想要老得优雅，婴儿潮的我们，就要为自己的老年负起全面性的责任，也就是要预做准备，不必等待老日到来时才惊惊慌慌，手足无措。就让我们一起“老神在在”吧！

丘　引

二〇一三年八月于美国乔治亚梅岗城

目 录

后青春 优·雅·地·老

BEYOND YOUNG:GET ALONG WITH YOUR GOLDEN AGE

Part 1

老，比想象中更自由

BEYOND YOUNG:GET ALONG WITH YOUR GOLDEN AGE

银发族，席卷全球

台湾于第二次世界大战后，受战后婴儿潮和一九四九年由大陆迁台的影响，加上社会和经济的发展、医疗的进步，婴儿出生死亡率降低，传染病降低，营养改善，教育普及，以及环境的改善，使得人口快速增长，生命也愈来愈长。

一九九三年，“经建会”（经济建设委员会）公布，台湾的老年人口首度达到7.1%，台湾开始进入高龄化（Aging）社会。所谓的老人，是以六十五岁为基准。

当时我三十六岁，对老没有感觉，也还没有概念。我的父母当时分别是六十一岁和六十三岁，我的父母双方家族都短寿，所以家族中没有老人。外公张哖生去世时七十三岁，属于老人社会的初老（Young - Old，六十五岁到七十四岁），那年我高一。外公是我的父母双方家族中唯一符合老人门槛的人。

平均寿命一百二十岁

二〇〇六年，台湾老年人口上升到9.9%。我四十九岁，美国成人高中毕业。四月，我的爸爸黄清通过世，享年七十六岁，属于老人社会的中老（Middle - Old，七十五岁到八十四岁）阶段，也符合台湾男性的平均寿命。我的爸爸比他的爸爸多活三十七岁。他的爸爸在三十九岁时就生病，抛下五个稚龄孩子走了。我的妈妈庄存七十四岁，成为寡妇。那是她独居的第一年。

二〇一〇年，台湾老年人口 11%，我五十三岁，在美国大学就读。我的妈妈七十八岁，已经独居四年了。

二〇一四年，台湾老年人口继续升到 11.6%。老年人口共两百七十三万人。我即将五十七岁，而我的妈妈将是八十二岁，比她的妈妈多活了五十年左右。（我妈妈的妈妈，在她十二岁时就离开人世了。我的妈妈是长女，所以，我推测她的妈妈应该只有三十岁上下就走了。）我妈妈的独居生活也将进入第八年。

二〇一七年，台湾的老年人口比例将再升高到 14%。从一九九三年到二〇一七年的二十四年，台湾的老年人口从 7% 上升到 14%。老年人口快速增长，慢性病和长期照护捉襟见肘。我也将六十岁。而届时我的妈妈将是八十五岁，开始进入老人社会的最老（Oldest - Old，八十五岁以上）阶段，那也是她“一个人老后”的第十一年。

二〇二一年，台湾第一波战后婴儿潮进入六十五岁，台湾的老年人口达 16.54%，老年人口共三百九十二万人。之后老年人口激增。我六十四岁，在老人门口徘徊。这也是我的妈妈“一个人老后”的第十五年。

二〇二五年，台湾老年人口将往上攀升到 20%，属于高龄（Aged）社会，每五个人就有一个老人。老年人口直逼英国、法国和美国等发达国家。我将是六十八岁，进入初老。我的妈妈将是九十三岁，将进入“一个人老后”的第十九年。

二〇四一年，台湾第二波婴儿潮（一九七六年龙年出生）的人口，也踏入六十五岁，台湾老年人口预估将高达七百〇二万九千人。我八十四岁。我的妈妈将是一百零九岁，是她“一个人老后”的第三十五年。

二〇五六年，台湾高龄人口再增加七百六十一万六千人，以三倍的比例成长。我九十九岁。我的妈妈届时已一百二十四岁，“一个人老后”第五十一年。

二〇六〇年时，台湾的老年人口将大幅成长到42%，属于超高龄（Super－Aged）社会。如果我还活着，我将是一百零三岁的人瑞（但愿不是老贼）。我的一双子女，将分别是七十七岁和七十四岁，在初中老阶段。我的妈妈若还活着，她将是一百二十八岁的老妖精，那也是她“一个人老后”的第五十四年。虽然我的妈妈成为老妖精的概率非常低，但我在美国大学修的老年学课程，开宗明义地说了，一百二十岁是当今人类的岁数，所以也不无可能。

工作人口比例，持续缩减

“行政院”经建会于二〇〇八年推估台湾六十五岁以上的人口，二〇二八年是22.5%，每五人就有一老人。之后快速上升，二〇五六年是37.5%，其中七十五岁以上的人高达四百五十五万人。六十五岁以上的人口，由二〇〇八年的43.1%上升到二〇五六年的59.7%。

二〇〇八年，七个十五到六十四岁工作龄的人负担一个老人。二〇一〇年，六点九个工作龄的人扶养一老人。二〇二六年，下降为三点二个工作龄的人养一老人。二〇六〇年，一点二个工作龄的人扶养一老人。

再从先进国家人口老化速度（自7%上升至14%）来看，法国一百一十五年，瑞典八十五年，美国七十三年，意大利、英国、德国等为四十年到六十一年。而台湾人口老化速度只有二十四年，与日本相同，比起欧美快很多。

台北市中正区忠勤里的老年人口是20%，是现今台湾最多老人的里。我的朋友邱俊英，移居到她出生成长的高雄旗山附近的客家村落。根据她的调查，那儿每一户至少都有一个八十岁以上的老人，也让即将六十岁的她，成为全村最年轻的人。

不只台湾如此，老，是二十一世纪的产物，是全球共同的现象。最老族的健康和长期照护的服务，也从而成为政府、社会工作者和企业更大的挑战。

（备注：初老＝六十五到七十四岁，中老＝七十五到八十四岁，最老＝八十五岁以上。人瑞＝一百岁以上。）

美国老人数目，高高在上

一九九〇年到二〇〇〇年，美国最老增加了38%，中老则增加23%，初老增加最低，才2%。

二〇五〇年时，最老在美国全国总人口将增加5%，六十五岁以上则预估增加22%。八十五岁以上的女人和这个年纪的男人比例是5:2。（二〇〇二年时八十五岁以上的女男比例是100:46）也就是，年纪愈老的女人守寡或未婚的概率愈高。

美国东部最多老人的州非属麻州不可。麻州位于东北部，虽然濒临大西洋，但冬天气候寒冷。麻州也因拥有最多老人，被昵称为

“奶奶州”或“阿嬷州”。至于美国西部最多老年人的地区则非加州莫属，那儿气候舒适，资源多；最少老人的地区则是天寒地冻的阿拉斯加。

退休老人多，因此美国的电视广告常以老人为诉求对象，如针对老人的药物、保险、旅行、旅馆、餐厅、汽车、医院、律师等行业的服务广告。而且，一些商业营利机构还针对老人给予消费的折扣。美国退休协会 AARP（American Association of Retired Persons）是全美国最有力的非营利组织，在国会还拥有游说团体，在老人政策上使力很多。AARP 是美国五十五岁以上的人即可加入的退休团体。AARP 的杂志（AARP The Magazines）订户以退休人士为主，美国的订户在二〇〇三年就高达两百一十五万份。可见其影响力多么的强大。

老，是全球化现象

欧洲老化问题也同样严重，老人人口增多，家庭少，造成消费力低，有生产力的年轻人少，欧洲的经济问题愈来愈严重。日本的老化程度高，人口密度也高，日本如今经济衰退，无法与一九八〇年代的风光相比，也回不去那样的时代了。

老年人口的影响是全面性的。联合国一项报告指出，在经济方面，老人影响了经济成长、存款、投资、消费、劳力市场、养老金、税金与两代之间的转换。在社会方面影响的是健康与照护，以及家庭结构的改变，和生活安顿与住房和移居等问题。政治方面，老人影响了投票的模式及其结果。

随着发达国家的发展，老人增多，第一次老龄问题世界大会在一九八〇年举行；二十年后的二〇〇〇年五月，发展中国家加入了老人国家之林，因此，第二次老龄问题世界大会再度在联合国正式召开。随着老龄问题和老年人口的国家日增，老龄问题随着工业化而演变成世界性的问题。

女人寿命，高高高

再者，以性别估计，女人比男人寿命高。二〇〇〇年，六十岁以上的人中，全世界的女人比男人多了六千三百万人。

二〇〇六年的台湾，男性平均寿命是七十四点六岁，女性的平均寿命是八十点八岁，而且速度移动快。根据“内政部”统计，二〇一一年时，男性寿命为七十六岁，女性为八十二点七岁。到二〇五一年，男性平均寿命将提高为八十一点五岁，女性的平均寿命也将提高到八十八点五岁。

由此显示，女人一生中，一个人老去是必然的现象，无须抗拒。学习与自己和好，及“以我为尊”，将是女人在老年之路最重要的功课。

在爱情的世界里，男性常扮演主导者角色，但在寿命上，男性始终追不到女性。因此，女人独自度过老年的概率相当高。结婚、单身，或离婚、再婚，甚至再再婚，差别性不大，终究是一个人度过余生的概率高。这也提醒女性，靠山山倒，靠男人不牢，唯有靠自己最好。

且慢，那么，靠孩子行吗？农业化时代“养儿防老”似乎是没问题，但在工业化时代，甚至是科技时代，少子化早就是趋势，在自我中心和全球经济危机下，年轻人自身难保，何况“啃老族”从大陆蔓延到台湾，长者何必为难自己呢！

正视老人的需要

老年行业风云起

忝为婴儿潮的三、四、五年级生，在台湾的情况，和美国婴儿潮有异曲同工之妙。大部分的人都拥有自己的住宅，房屋贷款可能缴清了，孩子也长大了，而台湾多数的财产和财富，也掌握在这群人手里。当财富和人数一起增长时，社会自然而然跟着改变，消费主体也将以老年人为主。在这种趋势下，制造业的产品理所当然移转到个人的服务上。这个服务对象，自然又是老人。

从现在起，和健康有关的照护（老人）行业，将成为最兴盛的行业。老人医学服务、手术（白内障；几乎大部分的老人都要动白内障手术。连我还这么年少，白内障都已经找上我了，真是防不胜防啊！只是提早或延后报到而已）、药剂（老人吃药最多，老人至少患有一种慢性病）、功能性医药（提升性功能的威而刚算不算?）；特殊制造行业中，如修复业（器官老旧，如机器一样，修修理理总是要）、视力（老花眼镜）、听力辅助器（尤其八十五岁以上老人，中奖率高不可攀）、胰岛素注射（第二型糖尿病占糖尿病总人口的90%左右），以及人工关节（关节炎是老年疾病第一名，我的妈妈和安妮塔都换人工膝盖了呢！）。

和老人相关的专业如雨后春笋，包括家庭顾问（就像婴儿潮年轻时，离婚潮创造了离婚顾问、离婚律师一样。现在，美国老人会问，我的成年子女要搬来和我一起住，这会威胁到我的养老品质吗？会不会养老鼠咬布袋？）、房地产顾问（老人独居，大房子要换小房子，还要移居和买一个度假小屋养老）、老人相关立法（如老年歧视）、老人医药学（老人服药量在各年龄层中居冠，老人医药学的研究，很能赚钱，自然行业兴盛）。

还有，婴儿潮的魅力无法挡，回复青春的行业和产品也扶摇直上，如化妆品和保养品（不相信，请到美国的健康商店和超市瞧一瞧）、染发剂（连植物染都有很多选择）、整形美容（美国拉皮去皱纹和瘦身的电视广告，多得不胜枚举）和特殊健康的训练和设备，在美国也都风行不已。

家庭维修随着老年人不再自己动手修理而需求日殷，各项个人服务如购物（买菜、买衣服、买工具）、外卖食物的递送……皆属日常生活所需，自是生意大旺。

市场老人化，老人市场化

在这次台湾行中，我曾在台湾的一所大学看表演，台上和台下，几乎都是二十岁的大学生。台下若有中老年人，不是教职员，就是学生的父母，没有一个中老年学生，让我这个在美国上大学多年的人，觉得浑身不自在。感觉台湾的大学生族群就是太单一，太无聊。

美国的大学，族群多元，什么种族都有，黑、白、黄、咖啡、红。群体的年龄，二十岁和四十、五十、六十、七十，甚至八十岁的人一起上课，是常态。

台湾在少子化，小学和中学开始减班、并校后，学校增设老人课程和娱乐，应是潮流。连同台湾的大学，若不开放给中老年人就读，就只有关门一途了。我的朋友林聪明在担任“教育部次长”期间，我曾和他谈台湾必须赶紧开放高等教育给中老年人进修，以提高中老年人的生命品质和解救大学倒闭的危机。教育在美国也是商业，在台湾，不也如此吗？没有学生，哪有老师？

老人休闲旅游也将一枝独秀。老人有闲有钱，就想开阔视野，想到海外充电，“老人旅行”也将成为新兴行业。我的一位美国朋友汀娜，她只做一种生意，就是带老人旅行。她招老人旅行团的速度很快，有些老人还自动询问，或者将行事历空下来作为旅行之用。汀娜告诉我，她的生意真好，连广告都免了。“我做的是慈善事业，我为老人创造快乐的晚年。老人多寂寞，多想和一群老人结伴出游啊！一整台游览车，一旅行就一个星期以上。老人在游览车上，一路上又是唱歌又是打拍子，就像小朋友出游一样欢乐。”

人总要一死，老人愈多，死亡也就愈多了，丧葬服务业的需求会更大，如我住的梅岗城，才十万人，就有六座殡仪馆。同样地，台湾的殡仪馆应该扩增，不宜由公家机关把持，应鼓励民间设立具品质与尊严的殡仪馆。同时，因民情迥异，台湾的墓地和葬仪、葬礼相关产品的需求也将大于供给。如果政府的行动太慢，民怨将大增，谁主政，谁就得被轰下台，因为死人等不得。政府总不能呼吁，“等等，我还没有扩充好殡仪馆，你们还不能死。”暴尸野外（路边葬礼）影响人民的生活品质和观瞻已经太久，而且没有尊严，婴儿潮才不愿意被放在街道和路边举行暂时违建的“葬礼”呢！

这是无法抵御的“老流”。而且，还是台湾第一代阅读时代的老人，将带动台湾全面性的改变。

因此，台湾即将迈向市场老人化，老人市场化。如美国的电视广告，以老人为对象者，高居第一。美国的黄金消费者，早已从之前以年轻人为主，蜕变为“黄金老人”了。这还有一个说法，是Mature Market。

歧视老人，尚待教育

《康健》杂志二○○七年做了一项关于政府是否重视老人，及政府应该为老人做什么的调查，结果如下：

在“你觉得台湾这个社会重不重视老人”这题，子女回答不重视与非常不重视的比例很高（53%）。再问子女“政府应该为老人家做些什么?”有28.61%的子女觉得政府应该给老人优待，其次应加强老人福利政策规划（12.92%）及关怀照顾（10.14%），只有7.36%中年儿女觉得政府该给老人钱。这个结果与政府日前公开宣示“加发老人年金”支票的政策，大相径庭，值得政府在推动老人福利相关政策时多加思考。

从《康健》杂志所做的调查来看，有超过半数的民众，认为政府不重视老人，充分显示了政府好像还在“老人国”外彷徨，以为老人只要几个零用钱买麦芽糖或冰棒，就解决了。

老人最需要的是老人政策和照顾。老人政策匮乏或搔不到痒处，问题就会层出不穷。

台湾社会上歧视老人的现象太普遍，如拒绝年届七十的前“立委”沈富雄到健身房做运动一事，非常不智，表示台湾的教育失败，人的教育不足。台湾社会连商业界都如此保守僵化，缺乏海纳百川的胸襟和眼界，太木乃伊了。沈富雄身为名人，都有这样的遭遇，那其他老人怎么办？如果沈富雄不是名人，就不会有媒体关注，这起老年歧视事件也将不了了之。放眼看看台湾的征才广告上，公然写着“限三十五岁以下”的广告到处都是，却没有触犯法律。我的一位女性朋友在搭计程车时，计程车司机见她满头白发，还好意要她去染发，说这样看起来会年轻些。当司机看到这位女性朋友正在阅读“立法院”的刊物时，惊诧地说：“你还识字啊！”

沈富雄被歧视，女性长者在台湾被歧视得更严重，好像人人都是“文盲欧巴桑”。

正视老人需求

在美国，一般通称退休后的年纪为“黄金时代”（Golden Age）。因此，一九八五年，美国有一部播出长达八年的电视剧，便叫作“黄金女郎”（The Golden Girls），讲的是四个半退休女人的故事。那是喜剧，收视率很高。中视转播“黄金女郎”时，在台湾也带来很多的笑声和掌声，觉得美国人老了，还可以那么骚包，那么欢乐，也那么的正向。

然而，老年歧视（Ageism）的情况，在打着“敬老尊贤”口号，每年以重阳节表示敬老的台湾，却随处可见。所谓敬老只是表面功夫，是政府官员用来作秀愚民，企图借此骗取选票的工具。政府该做的是把钱花在刀口上，教育大众如何尊重多元种族、多元族群、多元文化。实际上，台湾社会的老年歧视比没有敬老习俗的欧美严重太多了。

一九七五年美国老人学的泰斗巴特勒（Robert Neil Butler）提出“年龄歧视”的概念。巴特勒认为，和种族与性别歧视一样，年龄歧视也是属于对某一群体的偏见。

当芬兰积极推动老年运动与咨商以降低老化疾病所引起的巨额医疗费用，同时帮助老人借助运动活得更健康、更快乐、更长寿、更舒适时，台湾却反其道而行，拒绝老人上健身房做运动，这不是反智的现象吗?

毕竟，这是一个讲究软实力的时代。年轻人与其叫叫嚷嚷婴儿潮掌握多数财富和资源，让他们大学毕业才领22K，无济于事，还不如正视这股婴儿潮的需求，朝健康和运动娱乐上探索，开发老人食谱，提供老人菜单，如西方国家的餐馆、旅馆、购物还给予老人10%～20%的减价，将带动无限商机。而专业人员中，物理治疗师、白内障、听力、营养学家、长期照护的需求量也将大幅提高。

最“成功老化”的城市

老，要老得巧

养老，其实学问很多。活得老，不如活得好。我家附近邮局的经理告诉我，他的妈妈活到九十四岁，但有十年都不能自理，得仰赖女儿照护。那样的老，他说：“不如不要，因为没有品质，也没有尊严。”

最顶级的老是要“成功老化”。就算最穷最苦的老人，也想要“成功老化”，这是无可争议的。“成功老化”的概念从一九五〇年开始诞生，一扫老年的负面形象，一开始只注重身体健康，到一九八〇年时，开始普遍重视高等的成人功能以及社会贡献。从形而下到形而上，成为普世的“成功老化”价值。

非营利组织梅肯研究中心（http：//www. milkeninstitute. org/publications/review/2012_ 10/64 - 70MR56. pdf）二〇一二年以美国境内最成功老化的城市所做的研究，其方法、态度和基础都非常严谨，考虑七十八个因素，才决定出哪些大城与小镇是美国最“成功老化”的城。

除了老人的实际需求外，环境是否文化丰富、有大学或院校，让老人可到大学听课成长，也是考虑因素。美国各州公立大学针对老人给予的福利是，老人到大学修课免费。大学城因此受到重视，也就不稀奇，这也是美国大学城房价节节上涨的原因。我的朋友麦克才六十二岁，他每学期固定在我就读的大学修课，“完全免费，又不必考试”。他乐此不疲地上课，课余则骑脚踏车长途环游美国和加拿大。

梅肯研究中心的结果出炉，和一般人或媒体的想象有很大的出入。

从公众部分来看，政府和商业组织应当着重在健康照顾和社会安全系统上努力。在个人的水平上，美国老人要知道的是他们将会在哪儿定居？他们该如何照顾自己，以及是否享受生命？老人阶段的生涯应该被重视。

美国老人要的是维持健康，持续参与活动，并继续为社会贡献，为美国建立更强壮的国家而努力。这个格局够大吧，绝非只是要自己老年过得好而已。身体健康只是基础，心理也要健康。社会心理的健康来自于参与社会，以及建立个人的价值，还有乐观的心态。形而上的部分，在美国的老人世界里是非常重要的。

因此，政策的制定者们要在老人政策上改善老人的生命品质。美国婴儿潮要进入老年一族的有八千万人之多。因此，必须着重在健康、照护、友善的住屋、交通系统、再教育、事业及参与的机会，以及以老人为中心的科技、社交网络、旅行、休闲与娱乐。

梅肯研究中心定义的“美式成功老化”是：

一、在居住的方面要安全、舒适及买得起。涵盖的是居住的成本、就业的成长、失业率、收入分配、犯罪率、酗酒，以及气候等。

二、要健康，也要快乐。因此，重视专业人员的数量、医院的病床数、老人疾病的长期照护；阿兹海默症、洗肾、安宁病房与康复服务；医院的品质、医学院参与。另外，在社区部分，重视研究调查肥胖率、糖尿病、阿兹海默症、抽烟、精神疾病，以及可能的身心休养、健康的方案和其他诉求等。

三、要财务上的安定，包括税金（是否有免税，如佛罗里达州和赌城拉斯维加斯给予退休老人免收入税）、小本生意的成长、贫穷指数，和提供六十五岁以上人的就业机会和贷款。

四、生活上的需求，如自有房屋、租屋、养老院、居家健康照护提供及年长者的住屋付款协助。

五、交通上的需求，想去哪儿或需要去哪儿，是否交通便利，如通勤的时间、车费，及能否转乘大众运输至超市或零售店等，都要符合年长者的需求。

六、尊重年长者的智慧与经验，包括促进身体、智力和文化上的递增，还要联结到年长者的家人、朋友和社区。因此，义工、就业机会、再就业训练及教育，增进年长者博物馆、文化、宗教、图书馆、针对六十五岁以上的青年会策划等。

初老与最老，需求大不同

梅肯研究中心将以上的条件和因素作为考虑与研究，综合照护、健康、生活安排、交通便利、财务安全、教育、就业及社区参与等做通盘研究。并从而挑选一百个大城及两百五十九个小镇，看看是否符合这些条件上的需求，最后票选出美国二十个最适宜居住、“成功老化”的大城小镇。

这二十个最“成功老化”的大城，台湾人熟悉的纽约市、波士顿、华盛顿特区、盐湖城、旧金山、匹兹堡、巴尔的摩、费城、檀香山、小岩城都名列在内。另外，还有二十个最“成功老化”的小镇，并区分成“六十五到七十九岁的成功老化”和“八十岁以上的成功老化”。这么做的原因是，这两个族群有很多相异之处，前者还活蹦乱跳，重视活动；但后者体力渐衰，以医疗为重。

前五个最“成功老化”的城，首推犹他州的普罗沃奥瑞姆（Provo－Orem），它是摩门教圣地，杨百翰大学扬名世界，所带来的周边效益，非常可观。年轻人骑着脚踏车在街道传教的画面，我们应该很熟悉才是。排名第四的是波士顿，有超过一百所大学和众多博物馆环绕。排名第五的是纽约市，全美最顶尖的二十家医院中有两家就在纽约市，且大众交通便利，文化相当丰富。

前五个最“成功老化”的小镇，涵盖范畴包括经济佳、低失业率、良好健康照护、低成本居住、安全。其中排名第五的是明尼苏达州的罗彻斯特，是继全美最顶尖医院约翰·霍普金斯医院之后，排名第二的梅约医学中心（Mayo Clinic）所在地。

不过，梅肯研究中心并没有挑选出美国退休老人最热门的退休移居的阳光地带，佛罗里达和亚利桑那州。该中心也为此解释了这两地没有被选上的理由。

梅肯研究中心做最“成功老化”定居城市研究，目的是要带动更多地方让年长者可以“成功老化”，安顿晚年。这也让更多的城市改进其设施和条件，重视因应老人的需求，让美国有更多的州和城市及小镇将那些条件纳入改进的考虑事项。

梅肯研究中心做的，其实就是文明国度该有的态度。

若根据梅肯研究中心的研究内容与方式，台北市得天独厚的条件，必然是台湾最“成功老化”的城市。但台北市的房价近几年涨翻天，而且物价也节节上涨，政府在控制房价和稳定物价上能力和魄力不足，不利于想要从外县市迁入养老的人，这是“成功老化”的败笔。

以房养老乎

台湾养老政策，空有壳子

“以房养老”的意思是，拿你的房子作为抵押，以取得金钱养老。因为房价高涨，三、四、五年级学生又有绝大部分的人都拥有自己的房子，身价也水涨船高，养老的困境，似乎因为这个“第三个孩子”的孝顺，解除了老年生涯的危机。

不过，目前为止，台湾的“以房养老”还在试办阶段，但乏善可陈，因为符合规定资格的人少之又少。政府犯了一个永远改不掉的老毛病，本来政策的主体应以人为主，不幸的是，政府的大头病一直没有痊愈，将此政策当成“施恩”和“救济”处理，很荒谬。

曾参与政府规划老人政策的社会学家、也是台大社工系教授的林万亿，在他的《以房真能养老吗?》一文中指出五点：(1)“以房养老”不是社会福利；(2)不确定风险非常高；(3)对老人不利；(4)政府变成物业管理公司；(5)条件严苛，适用者少。

以下节录自林万亿教授的这篇文章：

“以房养老”不是社会福利

首先，这是理财，不是社会福利。一般不动产抵押贷款是顺向的，是指不动产（例如房屋）所有权人（借款人）将其自有房屋向金融机构抵押贷款，金融机构评估其房价后，以一定比率（例如八成）贷给现金，借款人拿到一笔房屋价值八成的现金。此后，就按月偿还本息，直到本息还清为止，房屋产权才又回归借款人。而所谓的“不动产逆向抵押贷款”正好相反，拥有房子的人，将其所有权抵押给金融机构，拿回来的不是一笔大额现金，而是分期提领。这本来是金融机构操作不动产抵押贷款的生意，却被拿来营业，利用公益彩券盈余坐庄。政府捞过了界，绝非好事。

不确定风险非常高

其次，不确定性很高。每月提领的现金多少，就要看房子值多少钱，再加上要领多久？如果分期的期数固定，每期可领金额就很容易计算，也就是房屋价值拆成固定期数，即是每期提领金额。然而，借款人会活多久不确定，只能推估，不能靠算命或健康检查。活得久，分期提领金就要少。

老人吃亏政府占便宜

第三，对老人不利。如上述，贷款机构绝不会让借款人占便宜。根据“内政部”初步精算结果，以公告房屋价格为三百万元者为例，六十五岁长者，男性月领8200元，女性因寿命较长，每月平均可领取额度就变少，为7100元；七十五岁长者，因余命不多，男性月领13400元，女性月领11700元。如果一位老人有房子值三百万，依经建会推估，二〇二〇年时，台湾男性平均余命为78.13岁，女性为84.18岁。倘若男性六十五岁加入本方案，平均可以领十三年又两个月，每月领取8200

元，总计可领1295600元。女性平均可领十九年又六个月，总计可领1661400元。男女老人领到的钱，都比房屋价值三百万少一半左右。可见贷款利息之高。除非房价大跌，或折旧超出预期的快，不然，政府就赚很多。如果是七十五岁才加入，男性总计可领509200元，女性可领1287000元。政府赚得更多。何况说，房价只是公告价值，而非以市价计算。政府既然把它当社会福利来办，却从老人身上捞大钱，好吗?

政府变成物业管理公司

第四，签约老人往生后，这些房子收归政府所有，内政部变成业主，要去处分这些不动产，怎么处分?政府干吗没事找事做?以现在政府部门的分工与能力，根本管不好这些房子。如果，将这个业务外包给金融机构，那根本就不须要政府出面，有利可图的生意银行自己会做，何须假手政府。如果政府又拿钱去补贴承接银行，一定会被骂图利。

适用对象很少

最后，适用的对象很少。初步只有一百名，未来也不会有更多人申请。因为条件限制严苛。老人既无继承人，房价又低的人数本就不多。自有房子房价很低，可能就是中低收入户，就会有生活补助了，不急着需要这个方案。反之，如果放宽标准，“内政部”又会陷入生意越做越大的两难，保证被骂不务正业。

事实上，台湾的“以房养老”是抄袭美国的“反房屋贷款”（Reverse Mortgages）政策和做法，但其规定与做法都比美国落伍。

从这里可以看出，美国是一个务实的国家，政策出来，就是要实行，要人民可以因此政策而受益，解决他们的老年金钱危机。台湾刚好相反，政策的拟定是要拿来“看”的，是“画饼充饥”，那是看得到，吃不到的做法，让人徒呼奈何！政府缺乏创意不打紧，连抄袭都抄得乱七八糟，把主要的骨骼拿掉了，谁不叹气呢？

我听到朋友说：“‘以房养老’可以让老年生活得更安心，不需要担心老来没钱。可惜，我不符合资格，因为我有孩子。”房子是自己的，要拿房子抵押，和有没有孩子有什么关系？政府还以为有孩子，孩子就会扶养老年父母？或孩子就必定是法定继承人？这是不符合现实的想法。这就好像我要卖我自己名下的房子，我得先征求我的子女的同意，因为他们是我的法定继承人。这样的逻辑很奇怪。我的财产，我要怎么处理，我当然有绝对的权利，关我的孩子什么事？而且若当事人再婚，那也不符“以房养老”的资格。

有房子，就有薪水

美国的“反房屋贷款”对象以六十二岁以上、拥有自家房屋的人为主。这是美国国会一九八二年通过的“Alternative Mortgage Transaction Parity Act of 1982”法案，针对房屋贷款买卖的非主流做法。一九八七年，美国联邦有更多针对反房屋贷款保险“FHA – insured Reverse Mortgages”的法律配套出来，这样既可以保障屋主不被银行欺负，也让这个法案可以更便民。

绝大多数的老年人都拥有自己的房子，看似身价不菲，然而根据研究，美国的老年人付清房屋贷款的虽高达80%，但手里却没有现金可用。而老年人的收入，也许只有来自社安基金及其他退休金，甚至根本两者皆无，又没有工作能力，这样坐吃山空，会引起老人的焦虑与不安，也可能危及老人的身心健康。

“反房屋贷款”就是帮助老人住在自己原来的家。这个政策回到老年人“就地养老”的好处。

现在，房子是自己的“第三个孩子”。将房子抵押给银行，银行每个月支付老年屋主一笔钱好支撑生活费用，维持生命品质所需。

这样做的好处是，老年屋主可以继续住在自己的家，直到过世之后，银行才开始卖屋。这就是“就地养老”的意思。

如果老年人需要钱，把自有房子卖了，拿到一笔庞大的金钱后，该将这笔钱放到哪儿？拿去投资，也许连老本都被吃掉了；放在银行定存，利率那么低，可能还因物价指数上涨而贬值。

而且，卖掉自家房子后还得找房子承租，这样一来又远离自己熟悉的环境，老人人际关系固定，往往不擅长改变，缺乏弹性，容易引起麻烦。万一没搞好，老人天天生活不快乐，压力倍增，增加老年疾病，身体衰颓加速，也等于提早结束生命，得不偿失。

而老年屋主若拿自己的房子申请“反房屋贷款”，每个月银行就会支付老年人一定的金钱，就像老年人在领薪水一样，每个月会有支票寄到家里来。看！这才是“以房养老”。

双赢做法，台湾可参考

“反房屋贷款”有三种，包括 FHA insured、lender insured，和 uninsured。三种的差别是，前两者有房屋贷款保险，后者没有房屋贷款保险。所以，后者不需支付房屋贷款保险费。前两者的利息是浮动的，有时利息随市场而升高，有时下降。而不论收入高低，都可以使用自己的房子做“反房屋贷款”，没有规定贫穷老人或无子女者才有资格受益。这项做法，是以房屋自住为主，不能租给别人。

美国的“反房屋贷款”做法还牵涉到和国税局 IRS（Internal Revenue Service）课税的关系。美国老人若将房子设定为抵押借款，不需支付税金。甚且，还可以享有老人税金减免的好处。

另外，还有 Life Estate，这也是老年人靠自有房屋养老的方式。不同的是，老人过世后，房子不是被卖掉，而是由继承人继承。如果继承人是配偶或子女，那么，在课税方面有一些好处：例如，如果当初买房子是五百万台币，而市价是六百万台币，那么，当老人过世时，市价还是六百万台币，继承的人便不必被课税。

还有一些老人将自己的房子以彼此能接受的价钱卖给他们的子女，再向子女承租这个房子。这样做的好处是子女可以在房子上涨时赚取价差，而且也免税。而老年父母得到的好处是，拿到一笔卖房子的钱，可以投资或做自己乐意做的事情，还能够住在自己原来的家。这对老年父母和成年子女来说，都是双赢的做法。

换房　买房　租房

小房子更适合养老

虽然“在地老化”可以活得更好，但年轻时养家，可能有配偶和孩子，当时三房两厅或四房两厅也不嫌大，如今剩下一个人或两个人的世界，那样的空间就可能成为累赘。

一个人养老，房子宜小不宜大。两个人一起养老，房子还是小的比大的妙。重点在于小房子好清理、价钱便宜，稍微布置一下，感觉就很温馨。反之，大房子若堆积太多东西，劳神伤财，得时常打理。若东西少，又显得空洞，容易感觉寂寞。感伤的心情，初一、十五就来一次，唱《补破网》也无济于事，徒增伤感。

卖掉大房子，换买小房子，再把剩下的钱留下来养老，这样一举两得，应是要迈入老年世界的人可以考虑的方式。这种做法很实际，也是美国退休人士和养老者常使用的方法之一。

我的好友，一对八十几岁的夫妻，住在美国华盛顿特区市郊的三层楼巨宅，最近喊着房子太大，打理太麻烦，体力也吃不消，希望卖掉房子，转到退休社区定居。

“退休社区有许多人比邻而居，可以互相照应，又有餐厅，不想自己做菜，就可以到餐厅用餐。如果太太外出旅行几天或个把月，一个人在家的我也有个聊天对象。”他觉得退休社区对上了年纪的人真是好处多多。

美国的退休社区很多，种类也很多元。退休社区在媒体上广告很多，尤其在退休杂志和退休团体中更是不遗余力地宣传。

一般而言，退休社区规定五十五岁以上的人才可以入住。

退休社区一般都有室内运动器材，无论炎热或寒冷，晴天或雨天，都不影响运动。也会举办知性的活动如绘画、烧陶等。有的退休社区还有网球场和其他户外运动场地，附近甚至就有高尔夫球场。

打造梦想家园

我还有一对同年纪的美国朋友，茱蒂和德。他们六十五岁退休时，卖掉了原先居住的房子，另外在森林里买了一块地，自己设计并盖房子，完全没有假手他人。他们在那儿搭了一年帐篷，每天盖一些，最后，三层楼的房子，在一年里，两人就靠着自己的手完成了。

“自己设计，自己盖房子，是德一生的梦想。我好客，喜欢接待客人。我的梦想是有一栋有五个房间的房子，可以随时招待很多人来家里住。我们将两人的梦想结合，把我们两人的退休金拿出来盖房子，整个过程非常的快乐。完成梦想，一辈子都不遗憾。”

“我们需要什么材料，就到 Home Deport（建筑修屋材料的大型专卖店）购买。我们把自己晚年要住的家当成艺术品，互相讨论、切磋、研究、修改。我们喜欢住在森林里，这儿的空气非常新鲜，芬多精是免费的，还有溪水潺潺，小鸟很多，蝴蝶也飞来飞去的，很浪漫，不是吗？有时候两人就在森林里散步几个小时。这儿就是我们的家。”茱蒂说得眉飞色舞。

我问他们，住在森林里寂寞吗？茱蒂和德都说不会。茱蒂爱作画，甚至连盖房子用的工具，如锯子和牛奶罐，都成了她作画的工具。两人也玩乐器，茱蒂退休后开始学弹斑鸠琴（一种非洲吉他改成的乐器），德从小就拉大提琴。周末时，他们双双到小镇的广场参加乐队公演，让来小镇旅行的人免费欣赏。

其他的乐队团员，和茱蒂及德一样，都是退休人士。

随着年纪愈来愈大，最近茱蒂和德考虑要卖掉自己盖的大房子，搬到离医院较近的市区小房子居住，好让将来就医更便利。

我的另一对八十岁夫妻朋友的房子也不小，前后院的占地更大，他们常因院子的工作太吃力而叫苦连天。像他们这样的美国老人不少，一旦做不来，就开始计划卖掉大房子，换买小房子，作为晚年的安身之地。

在美国，因换房子而移居的人不少。移居到阳光地带的佛罗里达和亚利桑那的人更如过江之鲫。

移居阳光地带的年龄以初老和中老为主，最老则因健康状况下滑的关系，选择移居到靠近子女、亲戚居住的地域，以便就近得到子女或亲友的照顾。

因此，移居他乡成为老年不可避免的趋势。

老后生活，选择多

社会心理学家余安邦还在中研院工作，即将退休的他已买妥花东纵谷的土地，准备与阿美族的朋友一起耕种有机农场，并创造一个新的社群，再与其他社群联结，开创新的共同体运动，以作为退休后的养老计划。余安邦深信，人类是互相依赖的动物，不能离群索居。开创新社群，可以老得更好。

也有些人移居埔里等区域，或到花东或南部去经营民宿，以转战人生不同的阶段，为老年的经济和养老铺路。

我有几位熟识的朋友当年移民新西兰，觉得那儿真是居住的天堂，但最近纷纷又搬回台湾。“大家说好要在新西兰养老到入土为安，一旦回台湾探亲，却还是觉得家乡好，就偷偷地搬回来。最后，我耐不住朋友都走了，当然也回来。”一位移民新西兰，在那儿工作得很好，又喜爱当地文化的友人，却因朋友都移回台湾，也跟着落跑。

其实，若是“一个人的老后”，移民他乡或他国，是最没有负担、最容易说走就走的族群。而且，若是移民西方国家，文化上注重隐私，不会被问：“你是一个人住吗?”台湾的餐馆将并桌视为正常，常让单身熟女尴尬不舒服。在西方国家，上餐馆用餐时，不会因为客满而被要求并桌。这是单身者可以考虑的移居因素。

在美国盐湖城机场工作的李国安对我说，美国机场的旅客中，有许多人都是飞去不同的州探望老年父母的。“他们的父母都住在不同的州。”他告诉我，当地的老人也几乎都是独居。

“盐湖城的老人独居是普遍的现象。和子女共同居住，反而不寻常。”他说。

可惜，根据租房子的“崔妈妈基金会”调查，台湾的房东有九成不愿意把房子租给老人。这是很严重的歧视。政府应该介入租屋市场，或提供更多的“老年社区”，让没有自己的壳或卖了房子做养老金、想以租房子度余生的人“老有所归”。

逆向思考，是“一个人老后”可以玩的游戏。当大家在移居回台湾时，不妨考虑移民他国养老，给自己一个截然不同的人生。

生命是一种选择。而老年移居他国或他乡，也是选择。

最适合移居养老的地方

台湾最适合养老的小镇

我在美国大学修的老年学（Gerontology）课程强调老人“在地老化”是最恰当、也最能活得好的，因为是熟悉的环境，感情可寄托，又有许多认识的人。毕竟老人适应能力低、弹性也不足，重新适应新的环境对多数老人来说挺困难的。

不过，退休后，薇薇夫人在两个孩子分别居住于大陆和美国，晚年丈夫过世、剩她一人独居的情况下，空旷的房子徒增伤感。她毅然决然地卖了住了三十几年的房子，从新店的花园新城搬到淡水。从山到水，是截然不同的心境。

美国退休人士移居他乡，已经有很长的历史了。这一股移居的风潮，最近几年也如火如荼地在台湾出现，一些四、五年级生不惜向后山或中南部另辟天地。现在，退休移居的概念也愈来愈波涛汹涌，甚至吹到艳阳高照的青壮族群去。

二〇一三年六月，《今周刊》第 859 期针对台湾地区三十一到四十岁属于六年级和七年级民众的老年移居网络调查显示，有 48.9% 的人想移居，但只有 31.4% 的人着手规划。移居的考量中，35% 的人考虑的是生活机能佳；23.6% 是空气好，环境优美；10.9% 是可从事喜欢的休闲活动；9% 是生活费用与房价便宜；6.4% 是童年的生长地；5.1% 是气候宜人；5.1% 是交通便利；4.9% 是离医院近。

在该项调查中，还有不少人要移居离岛。可见他们不知道老年最需要的是医院，尤其是最老族。

《今周刊》挑选了十二个台湾小镇，作为最适合移居养老的台湾小镇。不过，挑选的过程是否严谨，有待推敲。初老也许适合这样的环境，但中老需要上医院的机会多，这些小镇的医疗资源是否足够，不知有没有被考虑进去？生病最多的最老族显然更难了。

一位个性务实、六十岁上下的朋友对此调查有截然不同的看法。结婚后就移居宜兰数十年的她说："老人要的是医院。宜兰的老人生病，不在本地就医，老往台北跑，因为主客观上都认为台北的医院和医师品质较佳。""何况，宜兰一年下雨一百六十天，潮湿，也会造成一些湿气高带来的疾病。""交通也不方便，进城要骑摩托车才好停车，到其他地方则需开车，公共交通不便利。"

也是结婚移居宜兰数十年，已经退休，但实际上还年轻的钟碧娟却认为："宜兰的环境真美，住家有多绿，邻居有多好，种菜有多棒，住起来有多舒服。"真是见仁见智。

以下是《今周刊》挑选的理想老人移居的十二个台湾小镇和其挑选的理由。

宜兰有两个小镇头城和员山上榜。头城是美食美景、人文俱全、山海通包；员山则是能眺望龟山岛、湖光山色、群山秀丽。

花莲的寿丰是青山环绕，空气品质最优。台东都兰可赏海观星，最适合慢活。高雄美浓：三面环山，农业发达，客家文化保存完整。

台南白河：莲田绵延，恬淡好乐。嘉义竹崎：自然景观多元，物价实惠。南投埔里：生态丰富，空气品质佳。苗栗公馆：骑单车、采草莓最惬意。新竹宝山：田野景致淳朴，客家美食多。桃园龙潭：品茗，打高尔夫的好所在。新北三峡北大特区：街道整齐，台北的后花园。

移居新北三峡北大特区、并长年选用有机食物的一位朋友主张，“人老了，可以不必生病，关键就是要吃对食物和运动。”移居三峡，就是因为健康与医疗和文化的考量。“要真生病，不严重的话，附近也有恩主公医院，而且台北大学有许多课程可以上。”

由于《今周刊》的这份调查，我六月中回到在美国居住多年的梅岗城时，开始观察这个只有十万人的小镇是否符合退休移居的条件。以下是我的结论：

梅岗城的树木繁多，花团锦簇，整个城有如大花园，空气新鲜，走在路上，香气扑鼻。我的车一年才洗四次，可见空气多好。水的品质也好，水龙头的水可以直接喝。美轮美奂的建筑形式很多元，涵盖了西方主要的建筑，有如缩小版的维也纳。每条街道都有很大的人行道，适合散步。数座图书馆、博物馆、电影院，一座歌剧院、几座网球场和高尔夫球场、三所大学（包括医学院）、两家大型医院，其中一家医院还有直升机飞来飞去，全美五十个州最好的心脏医院就在这里。南方的人友善热情，步调慢。气候接近台湾，很阳光，但比台湾干燥舒爽。房价相比台湾，实在便宜又实惠（但租金比台湾昂贵）。公车路线有几条，虽不满意，但可以接受。有心做义工，机会多的是，缺点是就业机会较低、没有亚洲市场，而且超级市场在城外，必须开车才能到。不过开车便利、停车方便、停车几乎都免费。

梅岗城的老人公寓还不少，有钱可以住在很安静的顶级老人社区。万一一穷二白的话，还可以住在由豪华旅馆 Dempsey Hotel 改装成的 Dempsey Apartments，不但设施齐全，空调全年不断，还有图书馆、电脑中心、洗衣烘干设备，并有二十四小时安全的录影过滤，由政府埋单。前提是要满六十二岁，或是身障，或低收入户。

以我住的公寓来说，每扇窗户看出去，全是绿色的植物，连窗帘都不必装。

我个人的想法是，梅岗城是适合移居养老的小镇。

中国十大养老长住两相宜城市

看罢台湾，让我们看看大陆十大养老、长住两相宜的退休城市。同样地，是主观挑选，还是经过研究比较，也有待琢磨，理由和台湾的十二适宜养老的移居小镇接近。

一、厦门：东南沿海，九龙江入海处，是全国环境最好的城市，且讲台语也通。

二、大连：天津的门户，是快乐城。

三、烟台：山东半岛的东部，城市化进程快。

四、青岛：太平洋黄海西岸，空气湿润。

五、扬州：江苏中部，天然氧气充足。

六、昆明：云贵高原中部，消费最低，环境宜人。

七、珠海：广东珠江口的西南部，气候舒适，环境尚可。

八、海口：海南岛北部，海滨城，房价较低。

九、苏州：长江三角洲和太湖平原的中心，诗意栖居。

十、成都：四川盆地西部，医疗条件较好。

Part 2

回归自己

BEYOND YOUNG:GET ALONG WITH YOUR GOLDEN AGE

角色和身份

从我出生的那一刻起，我就成了我爸爸妈妈的女儿，也成了我哥哥的妹妹。我的妹妹和弟弟出生后，我变成他们的姐姐。

我的身份角色是：女儿，妹妹，姐姐。但不是“我”，这儿没有“我”的存在。

因此，我要听爸爸妈妈的话，我要尊敬他们，不得有自己的思想和行为。我要将哥哥视为我的领导者，必须尊敬哥哥。我要照顾和爱护我的妹妹和弟弟。

在原生家庭，我从小被叮咛，我是父母的女儿，做什么事情，都要考虑是否顾到了爸爸妈妈的面子。例如我长大后，迟迟没有结婚，妈妈为此大骂我，说我让他们在村中站不住脚，在亲戚中也抬不起头来。给了我很多罪名。

因此，我被灌输了浓厚的内疚感，如果我没有符合爸爸妈妈对我这个“女儿”的期待，我应该觉得惭愧。

在这整个原生家庭的人际关系中，我有不同的身份和角色，就是没有“我”。“我”是主体，少了主体，环绕其中的附体，岂不零零落落？就好像上餐厅点菜，只有点副餐，没有主餐一样，怪怪的。

没有确认“主体”，附体又如何存在？结构上不完整，就好像建筑一栋房子，没有脊梁一样，台风或地震来，房子肯定要东倒西歪，甚至垮掉。

终其一生，在我成长的村庄，亲戚们见了面，还是说“你是珍童的女儿”。我的名字一直没有在他们的心中生根，因为我是我父母的女儿，不是“我”自己。

这是台湾女性的面貌，我只是其中的一个代表。

找不到自己

长大了，结婚生子，台湾的女人在身份和角色上，变成了“媳妇”。所以，我的村人或亲戚在和我的爸爸妈妈说话时是这样说的：“你家媳妇怎么样？回来了吗？怀孕了吗？有没有做菜给你们吃？有没有伺候你们？听你们的话没有？”

这个成为“媳妇”的女人，角色很吃重，身份更是多元。她还成了嫂嫂或弟媳，她得兼顾夫家人的需求，一如一九六九年由刘福助作词作曲，并由他和邓丽君唱红的《祖母的话》歌词所述：“做人的媳妇着知道理，晚晚去困着早早起。”这儿的道理，包括打扫夫家、做早餐，关心小叔要结婚是否有床，小姑要结婚是否有嫁妆。

媳妇也是早期男人对外人称呼自己太太的称谓。媳妇的工作还包括祭拜夫家的祖宗，以便他日能成为夫家的鬼。好奇怪，是不是？更奇怪的是，以前父母逼迫女儿成婚，也是怕不婚的女儿将来没有牌位，变成孤魂野鬼。当然，这个媳妇的另一个角色是太太。后来怀孕了，增加“妈妈”的身份和角色，要做的工作更吃重了。

孩子长大结婚了，这个女人的身份和角色，转变成婆婆或丈母娘，关系更加复杂些。等到孙子出生了，她又增加了身份，变成外婆或奶奶。

女人终其一生，在这个关系结构中，都要做“好女儿”“好媳妇”“好太太”“好妈妈”或“好婆婆”。这也是女人一生活着的最重大目的。

为了这个“好”，女人得劳心劳力，没有自己，隐藏自己的需求与欲望，成就他人，并且无私地奉献一生。以避免成为“好”的对立面——“坏”。

既然背负了这么多的身份和角色，女人做事情就得面面俱到，要以“他者”为思考，要成为“利他”的人。如果不小心“利己”，是不行的，是自私的，有可能因此成为“坏女人”。

说穿了，这个“好”，就是各种形式的“贞节牌坊”，让女人的思考和行为及行动，都受到限制，最后变成自制，将其内化成自己的价值观，行动的准则。而那个“我”，一直不存在，或被压抑在一个有很多钥匙的昏暗箱子里，到死时，还没能见天日。

回归最纯粹的我

两性专家黄越绥对我说：“台湾的女人被角色限制住了。只要挣脱角色，女人的生命就会不一样。”

她说对了。十几年前我出了第一本书《爱走就走》，那是谈自助旅行诀窍的书，一些朋友的丈夫看到书名，也没有翻翻书的内容，就不准他们的太太阅读这本书，生怕他们的太太读了《爱走就走》就会离家出走，就不是他们的好太太和孩子的好妈妈了。

那些丈夫自以为有保护和教导太太的权利和义务，而他们的太太虽然可能拥有和他们一样的学历，但还是如小朋友般，没有自己的思想，需要受到丈夫的保护。

自助旅行，就是一个人帮助自己在外国的行动，也就是独立。独立的人，怎么会变坏？

在希腊或土耳其或西班牙，总是可以看到穿着打扮一身黑的女性，连包住头的头巾也是黑色的，穿在脚上的袜子和鞋子也是黑色的。她们是寡妇，以黑色来表示失去丈夫的哀伤和对亡夫的忠诚。她们的衣服千篇一律只有黑色。不论那些女人“一个人老后”几十年，她们还是被时光机钉在丈夫过世的那一刻。

我不知道，如果我已经死了，而一个曾经爱过我或与我一起生活过的男人，终其一生为我一身黑服，是否会让我在另一个世界更安心、更快乐？我想，大概不会。死都死了，我哪管那么多。何况，那样我怎么到天堂去？我怎么投胎呢？

现在，我们该抖落所有从小加诸我们身上的身份和角色，回归自己，回到“我”上。

我是谁

峰回路转

二○○三年，是我人生的分水岭，也是我女儿的生命转折点。

我的女儿小学毕业后，没有直接升上中学，因为小学五六年级时，她在明星导师的严厉带领下，压力很大。因此，小学毕业时，为了纾解她的求学压力，我安排她到南美洲秘鲁的中学当了一年交换学生，让她在不同国度的学校玩一年，借此呼吸教育的新鲜空气。

一个十二岁的孩子，只会说十句西班牙语和几句简单的旅行英文，就斗胆一个人前往遥远的陌生国度，我觉得她很了不起。

半年后我到秘鲁探望女儿，看到她在秘鲁中学和同学交谈热络，满口西班牙语，和接待家庭相处愉悦。经过一年的异国教育和生活经验，女儿的思想当然有了很大的变化。

在秘鲁的中学，女儿的放学时间是下午两点左右。放学后，就是自由时间。通过和接待家庭的妹妹一起看电视卡通节目，我女儿的西班牙语进步神速。

回到台湾时，女儿没有从初一读起，而是直接插班初二。女儿问我，为什么台湾中学要上那么久的课？从早上七点十五分到下午四点才放学，“上那么久的课，真的比较好吗？”

遗憾的是，孩子的老师还要加第八堂课，也就是要到下午五点钟才放学。我们母女想法很简单，看到加第八堂课的意愿调查表上写着“参加”或“不参加”，便想，既然可以选择，当然勾选“不参加”了。

结果，我们母女从此遭到老师的排挤。女儿在班上被老师隔离，不许其他同学和她说话或做朋友。班上的家长则轮番打电话到发表我文章的报社，恐吓主编不得继续刊登我的稿子。

对一个十三岁的孩子来说，这是很可怕的“校园霸凌”。但是，长期传统教育生态如此，这样的事情，其实屡见不鲜。

建立了标准器官移植程序、自美国引进叶克膜技术至台湾的台大医院柯文哲医师，三十三岁时到美国明尼苏达大学进修重症加护医学一年。在学业尾声时，一位教授问他：“来美国一年有什么感受？”柯文哲回想自己在台大医院当外科总住院医师时，一星期要上班七天，而且每天工作长达十几个小时，反观美国的住院医师的工作时间有上限保障，便快人快语地脱口而出：“美国人是好吃懒做的民族。”那位教授反问道：“台湾人工作那么认真，为什么还不是最强的？”

这是柯文哲在美国一年教育受到最大的震撼。后来他体会了美国的文化精髓，Work Smart 比 Work Hard 重要。同样地，他也从美国的教育体会到，苦苦背诵那些医疗单词是愚笨的做法，“懂就好”，何必背诵？

台湾的教育，为了升学，早就扭曲了教育的本质。这与柯文哲在台大医院的工作时数长又全年无休，是没两样的。

在那样的环境下，如何受教育？解决的方法很多，最后我女儿选择到美国受教育。

女儿的求学之路，不是一帆风顺。当初考虑到经济因素，到美国的第一棒，是请在美国读大学的哥哥当监护人。第二棒是美国接待家庭。

转学多了，女儿交友不易，对青少年来说，十分困扰。她央求我，让她整个高中四年都不用再转学。因此，我在女儿的高中时期，接下了第三棒。

那年我四十六岁。

在陪读之余，我安排自己到中乔治亚科技学院免费学习英语。一年半的英语课后，在英文老师布朗太太的建议下，我在成人高中（GED）免费上了一年半的课，通过乔治亚州的成人高中考试，拿到美国的高中文凭，那时我四十九岁。接着，我更进一步地踏入美国大学的殿堂，用奖学金开启我从未梦想过的人生，那时还差半年我就五十岁。

九年来，我因为这样的意外，打开了我对于美国人“优雅地老”的见识，也因缘凑巧地认识了一些美国好朋友，跟着她们学习了美国“老得优雅”，发现原来老年可以老得那么自在，那么优雅，那么的从容不迫，那是非常不一样的世界。

这一切，都得从布朗太太的英文课谈起。

认识自己，从问对问题开始

布朗太太的教学很严格。她每天为了教学所做的备课工作多到教我瞠目结舌。她教英文不用课本，用她自己的教材，里面都是要我们融入美国文化的内容。

第一堂课，她要每个学生在大家面前做自我介绍。自我介绍不是说名字而已，而是要在“我是谁”上打转，要深入地对大家谈自己，也就是“我”，再来谈“我是谁”。

这个我，可以涵盖前面我们说的角色，但更重要的是，要探讨自己是谁。从那儿，她要我们为自己画一条生命线出来。那条生命线要说出自己在人生重要的关键上发生的事情。

从那儿再延伸，她问我们：“你喜欢什么?”“你要什么?”“你需要什么?”这三个过程不一样，是层次上的差异，在我们的生活中，天天扮演着重要的角色。

“你喜欢什么?”的英文是“What do you like?”关键点是喜欢。喜欢是很主观的，你喜欢学习，你喜欢苹果，你喜欢吃饭，你喜欢住在台湾……

“你要什么?”的英文是“What do you want?”关键字是要，就是Want。你要买衣服，你要去旅行，你要吃苹果，你要理头发……

“你需要什么?”的英文是“What do you need?”关键字是需要，就是Need。你需要支付水电单，要不然就会被断水断电；你需要支付房租，否则，房东就会把你赶出去。你需要读书，否则就会成为文盲，一生将可能过悲惨的日子。你需要空气、水、阳光，要不然生命就会消失。

这三个层次不同的语言，遥相呼应我们的生命，顺序搞砸了，我们的生活和生命就可能一团糟。前两者是选择，后者没有选择的余地。

例如你要买衣服，这个“要”，不是绝对必需的，是有选择性的。这是人的欲望，可以加以克制。而你喜欢买衣服，境界更不同，是脑袋瓜和情感决定的，也是有选择性或改变性的。而需要就完全没有弹性，你不做或没有做，就要毁灭自己。所以，优先顺序决定了一切。

排除生命不需要的事物

既然有肯定句，当然也有否定句。

"你不喜欢什么?"如我不喜欢逛街（但我喜欢买书），我不喜欢买东西，我不喜欢待在家里。

"你不要什么?"我不要吃饭（但我要吃面）；我不要喝茶（但我要喝咖啡）。

"你不需要什么?"我不需要买衣服（我已经有足够的衣服，或朋友会给我衣服）。我不需要住大房子（小房子足够我所需）。我不需要一千万元养老（我的生活很简单，不需要那么多钱）。

所以，尽管你不喜欢，也不想要空气，但你需要呼吸，没有空气，你就不能呼吸，这样你的生命就无法持续下去。

那一天的课程，她要我们用这三个句子或六个句子，以自我介绍的方式写自己，再将文章交给她修改。

看起来容易，其实那是深掘自己的过程，要真正探索自己，才能写出那样的文章。我在那一瞬间，剔除掉很多我不喜欢、不要的观念和思想，也让我的生命更简单明亮。

想想看，在不知道自己是谁时，怎么为自己做决定？在不知道自己喜欢什么时，又怎么做决定？例如上餐馆用餐，面对菜单上那么多的菜，你要点什么菜？如果你不知道自己喜欢吃什么，就说

“随便，都可以”。但，想想看，如果连自己都不知道自己喜欢什么，别人又如何为你服务？知道自己喜欢什么很重要，也是为自己负责任。

不知道自己要什么也很恐怖。“我不满意我目前的生活，但我不知道我要什么。”既然不知道自己要什么，又如何做改变？所以，每天持续地对人家抱怨，抱怨这个，抱怨那个，天天抱怨个没完没了，成了大家讨厌的人。

我需要为我一个人老后做准备，否则，我老时，将成为一个可怜、孤单、贫困的老人。这是我对自己负责任的表现。

看！当你厘清喜欢、要、需要时，生命就清楚了。

因此，回归自己时，要先确认“我是谁”。花些时间，把自己喜欢什么，不喜欢什么；要什么，不要什么；需要什么，不需要什么，做一个总整理，你将对自己的一个人老后豁然开朗。

我需要有老伴吗

在谈需不需要一个人老后时，我们需要回到第 1 章，重新审视全世界的过去、现在与未来老人的状况。

全世界的老人人口中，年长女人比年长男人多了六千三百万人。性别不均，是事实，我们无从改变。台湾的女人平均寿命和男人的平均寿命相差六年，而且年龄持续增长，原来如果女人和小自己六岁的男人结婚，婚姻可能有白头偕老的机会。但年龄在变化，女人活得更久，如果需要有伴侣，那么，就要往下探，与比自己更年轻的男人结婚、约会或同居。

这是有条件的，你喜欢与男人一起生活；你要与男人一起生活；你需要与男人一起生活。这三个程序来看，前两者成立，后者不成立。

放开心胸，展开第二春

喜欢与男人一起生活，想要与男人一起生活，很简单。在一个人老后时做些改变，开始找对象约会、接触。像我的美国朋友珍，她在结束第二次婚姻后，检查得知乳癌末期，珍一方面到医院做检查治疗，同时在七十岁左右上网认识男人，前后与不同的男友约会交往。她的生活因此而常高潮迭起，我也常听到她的爱情故事。

有好几个网站都为老年人交友拉线，你可以将自己的照片、个性、喜欢、不喜欢、要什么、不要什么等自我介绍放在网站上，就可能会收到和自己接近或自己想要的男士的资料，经过一些筛选或见面或写 E－mail，就会有更进一步的发展。

在美国，还有不少老年人上高中网站或参加高中同学会，而找到晚年的伴侣。我一个朋友的妈妈在八十几岁，丈夫过世后，上了她毕业的高中网站，找到一个以前不认识的高中同学往来，然后密切交往。

当那男人提出结婚的要求时，我朋友的妈妈断然拒绝了。她觉得对方虽然很容易相处，也很幽默，但有控制欲，她不想在婚姻里被男人控制，她也要保护自己的钱财，就拒绝了婚姻。不过，他们住在一起，一如其他伴侣一样，互相有个照料。

还有一个七十几岁的美国朋友，第一任丈夫年轻时外遇抛弃她，让她伤心欲绝。独自抚养唯一的女儿长大的过程中，她陆续和不少男人约会交往。后来，在跳方块舞时，认识了第二任丈夫。在婚前，她已经知道未婚夫是癌症患者，仍然一头栽入婚姻。几年后，癌症带走了第二任丈夫的生命。后来，爱跳方块舞的她，又在方块舞上认识了第三任丈夫，也是一个有癌症的男人。故事持续一样，癌症丈夫走了，她继续跳方块舞，继续和不同的男人约会。

对这位朋友来说，那些生命中的男人，就像火车站。在不同旅程，有人上车，也有人下车。同样地，自己在别人的旅程中，也是上上下下。

迎接第二春，女性可向男性学习

邱淑慧说："我是四十岁离婚的。如果我没有来美国读硕士，离婚后继续留在台湾，我肯定找不到对象再婚。台湾社会对离婚的女人非常不友善，而且再婚的市场像一潭死水，离婚女性很难在台湾找到再婚对象。"

即将步入五十岁的邱淑慧比她的美国丈夫大六岁。她的丈夫是银行的小职员，是她中年到美国读书后，打高尔夫球认识的。爱打高尔夫球的邱淑慧发现，原来美国人收入那么普通也可以打高尔夫球（美国打高尔夫球价钱便宜，如我住的梅岗城，三十美元就可以打十八洞的高尔夫球）。她还发现，美国人的生活方式很简单，物质欲望没有台湾社会那么高，人际关系也单纯，生活品质反而更好。

在一段恋情后，珍有一次告诉我，晚年的女人比较难找到好的对象，因为属于她这年纪的好男人不多。

对于老年男女人口差别太大，我问珍，这样老年女人要恋爱时，怎么找对象？她轻松地说："在这方面，女人要向男人学习，不是往上找，而是往下探。往下探，可以探到二十岁或更年轻，但八十岁对二十岁，好像就差太远了。"

没错，我的一位英文老师李，在为太太的葬礼举行温馨的音乐会后，和比他长很多岁的女人恋爱，在妻子过世后不到一年，两人就踏上婚姻礼堂。另一位男性朋友史帝夫也如此，婚前和太太感情甚甜蜜，妻子葬礼后，他为乳癌过世的妻子募款成立一个防癌基金会，半年后，他也再婚了。

在老年情爱路上，男人再婚的速度很快，而且不影响他们对前妻的感情。拿得起，放得下，这点是女性该学习的。

选择自己想要的

我的朋友莎拉在五十岁左右时，在她口中是最好情人的丈夫辞世了。她的丈夫生前在殡仪馆工作，为死者化妆。“他每天下班，几乎天天在回家途中买一束花给我。他的吻功非常了得，很体贴和温馨，让我至今还回味无穷。”莎拉对我描述她的丈夫时，从她脸上的笑容，我知道她是多么的幸福。由于和丈夫的恩爱婚姻几十年，她后来虽然断断续续谈了几次恋爱，情况也不错，但她只愿意维持男女朋友的约会，不再踏入婚姻。“我要将我唯一的婚姻，留给亡夫。”

相反地，我的八十六岁好朋友安妮塔，在丈夫十多年前断气的那一刻，不是伤心痛哭，而是跪下来感谢上帝：“主啊！谢谢你终于将他带走。”

她的丈夫瑞，在辞世前生病卧床足足三十年。这让既要工作、又要照顾丈夫的安妮塔疲惫至极，而她的公公在婆婆过世后，有一天没有预兆地就主动搬入了安妮塔与丈夫的家，之后，安妮塔又照顾生病的公公二十年，把她折磨得不成人样。

“伺候、照顾两个生病的男人几十年，够了。我再也不要男人了。”即便安妮塔的女友们单身或在婚姻路上伤痕累累，仍在情爱的路上屡仆屡起，她还是死了那条心。

“我一个人独居很舒服，很自在。爱起床就起床，爱睡觉就睡觉。肚子饿了，要吃也行，不吃也可以。想外出，我开着车就走，不必向任何人报备，只要对我的小狗说说就可以。人生还有比这更自由祥和的世界吗？”

我的邻居，一百岁的林春朝先生，在五十岁时妻子过世后，曾有很多机会再婚。有的女性捧着房子嫁妆前来，但他觉得那么多对象都没有给他灵魂伴侣的感觉，就放弃了，决定单身。他单身了五十年，虽然没有伴侣，也没有遗憾。

我的一位邻居在太太提前告别生命后，八十岁的他，也找到了一位年纪接近的女朋友。两个人各自住在自己的家，“很谈得来，感觉很好。每天我们一大早就一起做运动，一起爬山，一起吃午餐。回家再睡个午觉，感觉生命真是美好。”说到他的女朋友，我的邻居脸上的笑容，是钱也买不到的珍贵。

想要男人，就勇敢地去想，去要。性爱的确不错，两情缱绻，不分年纪。我的一个美国朋友的祖母，在丈夫的葬礼上对一票子孙说：“我感到很内疚，我的丈夫就在我上面走的。”听到那样的话，子孙全安慰她，说那是人生最美的境界，高兴都来不及了，何需内疚？

晚年和男人约会，即便没有碰上自己喜欢、自己想要的，那也没有关系。反正，本来就没有，所以，也没有损不损失的问题。

不想要男人，也不必觉得难过。只要一个人老后过得好，有没有男人，不是重点。两性专家黄越绥甚至说：“恋爱不分年纪，什么年纪都能爱得轰轰烈烈，都可以勇敢尝试。但两性老年人口差距太大，老年女人找不到恋爱的对象，也是事实。性，在老年世界里，不一定是绝对必要的，因此，女性和女性恋爱，将是趋势！”

和黄越绥看法相同的大有人在。我在美国大学修“婚姻与家庭”课的弗洛伊德教授是黑人，他便说过，美国黑人的婚姻，平均一个男性拥有六个女性，而女性在多次破碎的婚姻或情感煎熬下，还得独自养育来自不同男人的子女，最后，对男人失望了，就转向女性寻求爱情。

平常心看待生理需求

如果不介意非要人的体温不可，其实，情趣用品店提供了不少的选择，尤其是女性专用的按摩棒，有手动的，也有电动的。还有不同大小尺寸，长短都有。让有性需求的人买回家后，爱多少就可以有多少，甚至有不同的牌子或设计，可以自助。美国的情趣用品店大多沿着州际高速公路设立，有如美国的旅馆和餐馆一样，不就说明了，性、食、住及行，是结合成一体的？

安妮塔在担任护士期间，曾经有一位八十几岁的人羞赧地问她："老年人还有性的需求是对的吗？是不是生病了？"

当时还年轻的安妮塔对那位老人说："性是从出生那一刻就产生的，和年纪无关，八十、九十岁还有性的需求，是完全正常的。"那位老人听到安妮塔这样说，如释重负地放下他的不安，高高兴兴地道谢离去。

既然是一个人老后，想法就要开放些，自己身体的需求，唯有自己最清楚，即便到一百岁，仍有需求，也不必惊慌失措。那么，就不必再矜持，也不必假清高了。

如果不好意思一个人逛情趣用品店，不妨几个朋友一起前往情趣用品店探险。要不然，上网浏览和购买也很便利，连情趣用品店的大门都不必跨入，就可以手到擒来。

养只猫或狗，好做伴

美国的老人，独居比例非常高。独居的原因很多，丧偶、单身、离婚、喜欢独身……原因不一。

自己一个人住，就一个人吃饭。台湾人强调，要有人一起吃饭，会吃得更香，更食之有味。甚至，在饭友和性友之间，会有所取舍，认为饭友比性友重要。

其实，这是完全不同的事情，根本无从比较。就像数学里把猫和狗放在一起计算，而没有分类，就出现问题了。除非我们谈的是动物，否则猫和狗属于不同类别，不能放在一起计算。

吃饭和做爱不一样，饭友不能取代性友，性友也不能取代饭友。

但一个人的屋檐下，有时未免太安静；静得连一根针掉到地上都听得一清二楚，就显得太寂寞了。

宠物，第二个孩子

美国的老人独居要能过得快乐，除了有信仰支撑，其中的一个重要原因是有猫或狗做伴。猫和狗在美国人的世界，地位犹如家人，并不是宠物。

例如安妮塔的丈夫过世后，本来陪着生病的丈夫的狗——邦妮，立刻转了向，变成安妮塔的狗。邦妮对安妮塔说话，听安妮塔说话，也陪她在院子散步、喝咖啡和吃饭。有时候邦妮还坐在车内，陪安妮塔一起拜访孩子的家庭或亲戚好友。

邦妮像是安妮塔的孩子，常躺在她怀里撒娇，陪她阅读书报或看电视。安妮塔每天对邦妮说话，说她的心情，也说她和朋友生命的故事。

晚上睡觉时，邦妮犹如婴儿，不只有自己的婴儿床，大部分时间都和安妮塔一起睡觉。半夜，安妮塔起床上厕所时，邦妮也下床，亦步亦趋地跟着她到洗手间。

吃饭的时候，邦妮坐在安妮塔的脚下，有时伸长脖子，等着安妮塔喂她食物。安妮塔会一边吃饭，一边和邦妮聊天，如：“你不能浪费食物啊！我刚刚给你一块食物，你丢在地上没吃，又要其他的，这样的行为不好。”

或者，“你要坐下，才可以吃饭。”连用餐时，安妮塔都要训练邦妮的用餐礼仪，和教导孩子没有两样。

这样一餐饭吃下来，要花一两个小时之久。邦妮就是安妮塔不折不扣的饭友，饭友不一定是人。狗儿扮演的角色，常比人更贴心，也更温暖。

邦妮被车撞死时，安妮塔哭得肝肠寸断，心有如丧失亲人般剧痛，无人可以疗她心中的伤。她为她的爱狗整整哭了一个月。为了避免再因丧亲而痛，安妮塔发誓，绝对不要养狗了。

可是，接下来的日子，安妮塔的笑容不见了，取而代之的是忧戚寂寞和沉默。她不再开怀大笑，早上也懒得起床。

后来，安妮塔在报纸上看到一则出售狗儿的广告，便打了电话给狗主人。狗主人听到安妮塔丧狗的哀伤，慷慨地要免费赠送她一只刚诞生、长相和邦妮一模一样的波士顿梗犬，说给狗儿找到好的家庭，也了却一桩心事。

安妮塔拒绝对方的好意，说一定要付钱才合理，因为对方为狗儿付出不少。

总之，一只刚出生、叫作魔力的狗，也果然有魔力，很快就驱除了安妮塔失去狗儿的伤痛。而安妮塔成了魔力的妈妈，每天花很多心思训练狗儿大小便，教导狗儿 ABC 和应有的礼仪等。

我又看到安妮塔带着魔力出门，也看到她和魔力玩游戏，你丢我捡时，狗儿有了足够的运动量，而安妮塔的手臂也在丢玩具时转动而顺便运动了。

安妮塔常对我说，魔力是魔力，魔力永远不可能取代邦妮的地位。“她们的个性和气质也不同。邦妮不喜欢其他的狗。打雷下雨时，邦妮全身吓得发抖，需要我保护她。魔力的个性比邦妮更开朗，也更爱玩。”

付出，让生命更美好

妈妈对孩子的心情，岂不也如此？再多么喜爱孩子，每一个孩子在妈妈的心中自有其地位，那是其他孩子无法取代的。

通常，养猫和养狗的人是不同个性的。在美国，养猫的老人也很多。一般来说，爱猫老人的个性比较纤细，也比较安静和敏感。而养狗或养猫，不分性别。

不论如何，一个人老后，若有狗或猫做伴，那样的老年独居品质是非常祥和美丽的。不过，台湾的社会还不普遍或习惯把狗或猫当家人，老人家可能也对猫和狗仍带有害怕和戒心，正如我还没有养狗之前的心态一样。

不过，在有了我的第一只狗儿开心果之后，我体会到美国老人或美国一般家庭那么喜欢宠物的原因。我的狗儿陪我写稿，陪我散步，也陪我玩。我们一起共度了十年的美好时光。来美国后，我也曾经有狗陪伴，很快就彼此互相喜欢了。

有些美国老人不止养一只狗或猫，可以说是养了群狗或群猫，甚至于两种都有。我的美国大学统计教授崔柏林博士也是单身一人，他的家几乎是动物的世界，有十几只狗和猫相伴，让他连离开家去度假都不肯。

猫和狗的种类很多，可以先阅读狗和猫的书籍，认识种类及个性后，再看看自己喜欢大型、中型，还是小型的狗或猫。另外，也可认识品种如腊肠狗、猎狗、土狗、马尔济斯……有些狗儿的个性很依赖，晚上上床前不只要陪睡，要抓背，还要为它们读故事书，就如年幼的孩子那般。

找到适合自己而自己也喜欢的狗，是很棒的事情。若缺乏挑选和养狗经验，可以询问有养狗经验的人，并多阅读狗猫的相关书籍，多了解它们，也为自己的一个人老后开启了一条有伴之路。

猫狗的价钱不一。有些猫狗的价钱很昂贵，甚至贵达十几万元，但也有很便宜的，甚至是免费的流浪猫狗，也很贴心，并不因被前主人遗弃，就不可爱。但有些被虐待过的猫狗，需要做一些心理疗伤才行。

为狗儿找到一个家，也为自己找一个伴、一个孩子，做些付出是值得的。

独居，不一定寂寞

美国的自然主义作家兼哲学家、《瓦尔登湖》（*Walden*）一书作者亨利·戴维·梭罗，于一八一七年在美国东北部波士顿近郊的康考特小镇（Concord）出生。哈佛大学毕业后，二十八岁那年，他在瓦尔登湖畔所撰写的《瓦尔登湖》奠定他哲学大师的地位。

《瓦尔登湖》是记录梭罗在瓦尔登湖畔隐居两年又两个月的生活散文。没有邻居，只有森林，只有大自然。虽然只有一个人住在森林中，他却不认为自己孤单。他还认为孤单和孤独不同。他给孤独的定义是：在群居的社会中，孤独与外在的人际关系没有关联，应该以一种超然的角度正视孤独，用心去体会大自然的万物，投注想象力，一草一木皆是文章。梭罗认为，和人群保持距离有助于己身的反省。如果把人的内心世界比喻成一种地理形势，梭罗认为人们应该当自己内心世界的哥伦布，敢于探索及开发。

我想，想要对“一个人老后”有更多心理准备的人，可以一读再读他的《瓦尔登湖》，把梭罗的话、思想，以及他一个人在广袤的森林独居的经验，作为自己独居的反思。

孤独，不等于寂寞

在梅岗城，我参加了一个读书会，每星期聚会一次，光是一本书的阅读和讨论就长达三个月。二〇一三年夏天，我们阅读的是《*A Hidden Wholeness*》，作者是 Parker J. Palmer。这个读书会探讨的主题很多，依章节进行，主题也都围绕着自己，从自己出发，例如“寻找自己的路”“我是谁”“想象自己的路”……

某次的主题是“Being Alone Together”。既然谈到独自一人，我提出来的问题是：孤独和寂寞有什么差异？读书会带领人说，寂寞是“需要一些什么”，而孤独则是享受自己一个人。

也就是说，有时候在人群中，我们还是可能寂寞。但独自一人时，反而往往乐在其中，不需要其他人或什么来弥补所缺。读书会的成员有二十多人，后来我发觉，在场的美国朋友们对于孤独和寂寞的定义都很清楚，也颇能优游自在于一个人的时刻。

就像珍，她的乳癌末期治疗从波士顿转到亚特兰大后，每三个月得开车到爱茉莉医学院复诊。梅岗城开车到亚特兰大需要两小时车程，上次我问七十二岁的珍，需要我陪她到亚特兰大就医吗？她考虑了三秒钟，说：“很高兴也很感谢你的好意，有你陪同，当然旅程会很有趣，但我想我自己一个人可以掌握。”

一个乳癌末期的人，冒着倾盆大雨，一个人开车两小时去就医，都不觉得寂寞，这与个人内在是否完整，大有关系。

远见总经理林天来对孤独的定义是：“阅读，可以让你学会孤独，懂得孤独，也学会思考。年轻人似乎缺乏面对孤独的能力，可能连走路、睡觉前都在讲手机，应花时间深度思考，深度阅读，深度学会独处，然后能够跟自己对话。”

主持“大爱电视”的李文媛则说：“只要懂得阅读，就不怕孤单、变老。”

因此，独居不一定是寂寞，独居也不一定是“孤苦无依”。同样地，看到一个人在餐馆用餐，也别乱套同情心，说人家一个人吃饭很可怜。

享受孤独

如果没有猫狗陪伴，还是自在，那也很好。我的好朋友潘是工程师，她终生未婚，一个人住一间大大的房子，没有猫狗，陪她的是电视、网络、音乐和书。她白天工作，每周有一天中午担任一个小学女孩的精神导师，陪那女孩一起午餐，周末有时也邀请那个女孩到自己的家，或带她上博物馆或见识其他地方。另外，她每周二晚上还在成人高中担任义工，加上自己爱做衣服和阅读，她的生活非常充实。

几十年的独居，潘不觉得需要猫狗陪伴，而且她的院子常有小鸟来吃食物。因此，她非常享受自己一个人老后却没有任何伴的生活。

“也许习惯独居了，我无法和人家一起生活在一个屋檐下。朋友来访，过夜没问题，但若要同居一个屋檐，我无法承受。”此外，潘也自认个性非常内向，“无法和男人谈恋爱。”

享受与自己相处，是一个人老后很重要的哲学。潘是一个非常温暖也很温柔婉约的人，她同时拥有工程师的性格和特质。她将自己不同领域的特质和专长结合，让自己与自己和好，或者可以说，自己和自己恋爱也无不可。但和自己恋爱，绝对和自恋不同，那完全是两码事，不能混为一谈。

潘拥有很强的宗教信仰，这也奠定了她内心的平静与祥和。她的床头永远有一堆书，其中一定有宗教的书。信仰让她知道自己是谁，也帮助她看到自己的好和自己的专长。

星期六，若没有意外，潘的行程通常是到以农家为主的传统市场买菜。在走过市场时，与那些农人或贩卖自家做的食物的人聊天，是她的乐趣。她也常一个人开车到外地旅行。

星期日，是教会日。潘在教会里的工作，是照顾小婴儿，好让那些年轻的父母可以松口气，专心地听牧师讲道或参与教会的其他活动。潘很享受一个人照顾一两个小婴儿的时光，她觉得那些粉嫩的脸孔都是天使。未曾结婚也没有孩子的潘，透过在教会的服务，让她生命中某部分的缺憾得到满足。

虽然潘很喜欢去教会，也在教会认识很多人，不过，潘很有自己独特的看法，每隔几年，她就会换一个教会。也许，那是她更新自己生命的方式，不让自己因为单身而成为一个团体里的永久成员。

拓宽朋友版图

交朋友，不设限

很多老人退休后，会发现以前一起工作几十年的同事，在退休后忽然不见了，失去了联络。有的在工作上原本有互动关系，而且关系还挺密切的同事，离开工作单位后，彼此的关系也没有了。怎么会这样呢?

人的关系如果是建立在利益上的，通常关系就会因利益不存在而消失。我认识一位九十一岁的先生，一辈子做贸易，叱咤商场，十分神勇；老来却每天待在家里，一个朋友也没有。对他来说，所谓的朋友，就是昔日一起上学读书的同学。但同学也因年纪关系而凋零，剩下他一人，他更孤独了。他的女儿带北上的爸爸到植物园散步时，曾对我说，没有朋友的爸爸更难相处。

台湾还有一种现象，交朋友的范围常被一些观念所局限，如年纪，总觉得要和相近年纪的人才有话说；如性别，要同性相处才自在；如省籍，相同背景才好聊天；如政党，如果要骂另外一个党，可以一起骂个过瘾。在这样的狭隘观念下，移民到外国时，省籍就变成国别，只和来自台湾的人交朋友，或者扩大一点，只和华人交往。所以，居住的国度地域虽然大，却仍然很孤单。

有人从年轻时到国外读研究所，拿了博士学位，在居住国工作了一辈子，所交往的净是工作上的朋友，连社区活动也没有参与。退休了，才发觉同事是同事，不是真的朋友。故乡已成他乡，他乡已成故乡，但故乡却没有知己好友，怎么养老？

因此，开始东奔西跑，要找一个可以养老的社区。美轮美奂的房子和居家社区，环境的确很好，但能打进社区和人建立关系吗？还是继续像一座海上的孤岛，存在，却离群索居？在那种情形下，心灵将会感觉到空虚。于是又回到生长的故乡，发现同学依旧在，似乎可以抓住浮木，靠一下。但这样很危险，万一如前面提到的九十一岁贸易商，同学皆凋零后，该如何是好？

有一个朋友八十几岁了，住在美国几十年，最近却一直想要搬回台湾定居养老。“长庚医院有一个养生村，一个月三万台币，就可以舒舒服服地养老。在美国，虽然孩子的家不远，也与当地华人交往不少，但就是心里不踏实。”

怎么会这样呢？当初解放战争时，他从大陆逃到台湾，台大毕业后，立即到美国留学。其实他在台湾总共也不过是六年时间而已，远远不如美国的五十几年，可他的内心底层还是感觉台湾才是故乡，觉得台湾国语实在好听又亲切。

培养兴趣，更能交到朋友

不少人成为好朋友，都是透过担任义工或志工而来。由于那是没有酬劳的工作，是抱着内心的喜悦去做的，这样的人较容易打开胸襟。因此，在一起担任义工时，也容易因某些议题或合作而互相了解，进而成为朋友。

一起练习太极拳、气功、书法、绘画、登山……这样的人也容易成为真实的朋友。志趣相同，友谊有个基础，渐渐无话不谈，也是可能。

当然，我们不得不承认，小学同学是最不设防的朋友。即便数十年没有联络，在电话上一听到名字，就活络络的，连客套都免了。我这次回台，打电话给一个中学毕业后就没有联络的小学同学，她一听到我的名字，整个人立刻亢奋起来，好像我们昨天还一起坐在教室里听老师讲课，还一起在操场或走廊踢毽子。接着她告诉我其他还在家乡的小学同学近况，要多少电话号码，她都可以毫无保留地给我。

初中同学比小学同学逊色些，因为当时已经进入尴尬的青春期，但彼此还是可以谈天说地，毕竟地缘关系还是近。高中同学，似乎又远了一点。但若是住校生，情况则不一样，因为有共同的生活经验，包括交男友、对抗舍监……而有同仇敌忾的情谊。大学？台湾的大学因为同进同出，又首次离开学校监狱，呼吸到自由空气，得以自由交往，自然比较有深厚的感情。

总之，朋友在养老上占的地位有如过去勇闯事业一样重要。如果没有太多好朋友，赶紧早起，到公园、植物园、学校等做运动的地方，找一个团体加入，和人家一起做运动。通过运动，交朋友容易。不喜欢加入团体的人，也可以一个人做运动或快走，总会碰到一些人主动说早，而开启话匣子。要不然，到社福团体担任义工，那儿永远都需要不支薪的工作人员。再不然，就到庙里或教会扫地当义工也行。更容易的是，担任自己居住社区的义工，扫楼梯、种植绿色植物、美化社区……我保证，邻居们很快就主动靠过来感恩一番，友谊的门也同时开启。

放下身段，友谊自然来

不过，永远要记得，不论过去是什么身份头衔，一定要将其锁入保险箱，才容易在老年阶段交到真正的朋友。在台湾还不知道何为环保，就从国外引进环保概念、还积极地在台湾做环境维护的林俊义，曾在东海大学生物系任教多年，也曾到外国担任大使，在环保署长任内因垦丁重油污染事件下台后，如今已经退休五年。他说："我最讨厌学历。学历也不等于知识。到六十岁时，我才知道台大的人都很呆。因为他们不懂生命。"台大是台湾学界的天之骄子，有多少人牺牲童年到高中的岁月，就是为台大而拼，而从台大出来的林俊义却说台大人是很呆的。

不只这样，台大出来后，又读研究所，但到了美国，林俊义却从大学部读起。在美国又抛下博士课程，跑到非洲做义工三年，全身都是叛逆基因的林俊义不但藐视台大，也为身份头衔做了一个注解。"每个人的生命都很美。"生物背景出身的林俊义看待人文，自有一番不同的观点。

不巧的是，最近亚特兰大却成立了一个以博士学历为门槛的台湾人退休团体。不知道这样将其他族群隔离开来的博士退休团体，是以自己的博士学历为傲，或以博士作为义工社会的结构？

八十八岁的詹先生走路不是很方便，每天他拄着拐杖在植物园里走三圈。他的身旁总有一位八十五岁的周先生陪伴走路。"我在植物园交的朋友有几十人之多，唯有周先生不离不弃，在我行动不便后，仍然每天陪我走三圈。他自己先来植物园走三圈，又陪我走三圈，天天不间断。其他朋友总嫌弃我走路太慢，立刻超越，把我甩到后面。”詹先生在说这样的话时，周先生的脸上平和地笑着。他们每天早上一起在植物园走三圈，边走边聊天，天南地北地聊，这是连子女都做不到的事情。

在老人的世界里，友谊常比子女还重要。友谊是没有身份的。

加入团体，更有活力

植物园内有一个八十一个人的团体，成员从七十岁到九十多岁不等。原先每星期二一起爬山，登山前，还得有人先勘查路线和安全，以防老人摔倒，如今，因团员能爬山的愈来愈少，就改成每星期六早上运动后到植物园附近的丹堤或怡客咖啡馆一起吃早餐，聊聊天。

我和这个团体一起吃过一次早餐，那儿男女不分，感觉挺好。一百元就打发的早餐，边吃边聊，一个早上很快就飞走了。老人的生命，无论在都会或在乡下，都有其需求。

植物园还有一个团体，和风千岁合唱团，团员平均年纪是八十三岁。其中有五十七人的年纪从八十到一百零二岁不等。原先，爱热闹、爱看人的九十四岁李先生已经在植物园打太极拳五十年了，他天天义务教人家打太极拳，后来有些人更老了，打不动太极拳，大家就索性改成唱歌，而唱的歌就是他们的“儿歌”。那群人的“儿歌”是日语歌，因为他们生长在日据时代。李先生的媳妇阿敏在退休后陪伴公公和这一群老人，协助他们找歌谱，印歌谱。这个千岁合唱团有如幼儿园的小朋友，天天欢欢喜喜地唱歌，还意外得到中正区的歌唱冠军。

千岁合唱团的经费，大致上是李先生供应的。阿敏觉得公公为人慷慨，对人好，又爱热闹，她延续公公的精神，公媳在植物园创造了一群老人的快乐，也有一些年轻人受到那样的气氛感动，自动加入当义工，如拍照，或一百零二岁生日派对时准备派对所需……我有幸在植物园跑步时参加了这个生日派对，看到有些老人当场演奏乐器，有人化装扮演神仙，见证了老人真挚的友情。

“其实我公公已经搬到板桥几年了，他还是天天要到植物园打拳，和这群人一起唱歌。”阿敏对我说，丈夫的兄弟们因为爸爸热爱植物园的朋友们，也因此乐意担任天天开车接送的任务。

这个千岁合唱团的团员因为天天一起在植物园唱歌、聊天，也成为好朋友。他们的子女，有的也因这样而结识。

我居住的镇上有家连锁餐馆，有一个团体叫作寡妇早餐会，每天早上一群年纪从七十到九十几岁的寡妇一起共进早餐。有些丈夫自觉会比妻子早离开人世，不但鼓励自己的妻子提早加入这样的寡妇早餐会，自己也加入，成为寡妇早餐团员之一。有一位台湾人的美国丈夫陪妻子参加寡妇早餐数年，最后，那位丈夫就在某天早餐时走了。像那样胸襟开阔的丈夫，为太太预先铺设寡妇之路，好让太太不至于因为配偶离去而痛苦不堪，甚至有支持的人一起共进早餐，实在是很不错的想法。

珍从波士顿搬到梅岗城才六年，但她结交的朋友非常多。我问珍，刚到新的地方，如何踏出交友的第一步？

“我去狗公园遛狗（梅岗城有一座很大的狗公园，是一位爱狗女士过世时捐出土地所建）时认识了一位也在遛狗的牧师，就跟着他去上他的教会，然后在牧师家的派对上，认识了一个可爱的年轻人，他对我说：‘你非认识我的妈妈不可，她是一个很有趣、很有理想，和你的气质很合的人。’

“因此，我就认识了他的母亲，芭芭拉。她果然成为我的知己，我们无话不谈。后来因为我的家人上的教会不同，我跟着孩子们上教会，又在新的教会认识更多人；也因为参与义工活动，像是担任教会义工，也跟着认识了很多朋友。

“另外，每学期我都会到大学修课，在课堂上，又认识不少朋友。”

我认识芭芭拉，是通过珍介绍的，她们两人年龄接近，都是七十几岁的人。我和她们没有年龄界限，没有代沟。她们最近邀我一起去电影院看《白宫管家》（*The Butler*），我们共享了快乐的午后时光。珍每隔一段时间也会邀我一起开两小时车去麦迪逊城探访她的表哥表嫂，去骑马和钓鱼；我也邀珍和我一起到朋友家的院子采蓝莓。

朋友间若有一些活动不断交叉进行，话题无限延伸，关系就活络。

朋友绝对是老年不可或缺的，因为老年人的时间多，没有朋友就得度日如年，或者在家里唉声叹气，或被电视看，或者看天花板发呆。朋友一起做运动、聊天、散步、吃饭、互相鼓励、知识分享……时间不需要打发，反而觉得过得太快。

五湖四海，都有朋友

非血缘，无限宽

我的女儿曾经对我说，朋友是无需血缘，可以无限增产的。

老朋友固然对进入老年很重要，但老朋友也会逐渐凋零、减少，就会愈来愈寂寞，让自己愈老愈可怜。因此，扩增新朋友的版图不只有其必要，而是太重要了。新朋友就像活水，让生命更新鲜。不一样的观点，可以活络自己的思维，开拓自己的视野，绝对会让老年生活更多彩多姿，也会活得更健康。

交“老”朋友，可以听到很多不一样的人生故事，有失败有成功，有快乐也有悲伤。而且，当我的一些“老”朋友和我说话时，偶尔还会倚老卖老地说：“丘引，你还太年轻，还是贝比（Baby）。吃老你就知……”五十几岁的人了，还被朋友说太嫩，这岂不是最高级的免费拉皮？

交“年轻”朋友，则是可以知道年轻人玩的把戏和他们的想法，让自己不和时代脱节，还能减少自己和孩子之间的冲突，同时也明了社会变化的趋势。如果台湾年轻人不开口闭口称呼“伯伯、阿姨”，改称“先生、女士”，一如美国人说的“Sir 或 Madam”（先生或女士)，或干脆直接叫名字，那就更上道了。

婴儿潮的人喜欢当自己，不喜欢被叫“伯伯或阿姨”，不像父母那一代，喜欢尊称。已经退休的王瑞民有一次气冲冲地说：“刚刚在捷运上有人对我说：‘伯伯，请坐’，气死人，怎么叫我‘伯伯’，太难听，我有那么老吗?”

“瑞民，那年轻人还没对你说‘爷爷，请坐’哩！还不算太坏。我在美国的华人超市，还被年轻的大陆妈妈要娃娃叫我‘奶奶’，把我气疯了！后来碰到台湾的年轻人，我就直接说明，叫我‘丘引’或叫我本名，让我们平等以待。”我分享了自己悲惨的遭遇，瑞民还是气愤难平。

美国人不论年纪，都直呼名字，但不带姓，感觉平等亲切。连三岁的娃娃也直接叫我的名字，多好。

我的阿姨七十一岁，从小我就叫她“阿姨小姐”。阿姨小姐喜欢交很年轻的朋友，从十几岁到四五十岁不等。长年下来，她的头脑很开放，沟通零障碍。

从新朋友那儿可以学到很多新的兴趣，培养玩游戏的能力。因缘际会，我在美国读书交到的朋友很多，不分国籍、性别、肤色、年纪、阶层。这些朋友让我的生命更开阔，也听到不一样的生命交织成的可歌可泣故事。

随着我在美国上英文课愈久，和同学认识就愈多。在英文课上，我的记忆力开始进步，我和同学们的关系也不错。我在班上成立了电影俱乐部，电影俱乐部在星期五举行，同学们就到我家看电影讨论，这也促进同学们的英语能力。

不同国籍，相同友谊

有两个越南同学和我交情不错。其中一个长得俊俏、二十几岁的男生叫作汤，他是美甲师。汤的个性开朗风趣。十五岁时，汤和十八岁的姐姐在父母的安排下，和一群陌生人一起搭上一艘小小破破的渔船偷渡到泰国。小船挤得水泄不通，空气不良。很不幸，船破了，在海上漂流几天，船上没水也没食物，他又饥又渴地瘫倒在汪洋中的破船上，绝望地以为此生再也无法见到留在越南的父母。

就在船上的人都奄奄一息时，船被救了，汤和姐姐及其他乘客也被泰国的警察逮捕了，因此被安排住进难民营里。

在难民营待了七年半的汤回想当时的处境，仍然心有戚戚。“难民营的食物永远都不够，每餐只有半碗饭，只有一小块鱼或肉。每天我都在饥饿中度过。当时的越南很危险，我的父母希望子女能生存，才那么辛苦地花上所有的积蓄，把我们姐弟安排偷渡出国，只是要一线求生的希望。”

“七年半后，美国政府到泰国难民营来，问我们姐弟想要去欧洲还是美国。我们选择美国。很快地，美国政府救援组织就安排我们搭飞机到美国。后来，我们在美国打工赚钱偿还美国政府为我们代垫从泰国飞往美国的机票费。我们姐弟靠为人家修剪和上色指甲，也逐步在美国安稳地生活下来。”

“在难民营，什么事都不能做，只能等。等着安排。等待的滋味不好受，心里是满满的不确定感。”

汤的逃难故事经常鼓舞着我。我们也变成好朋友。

当年我离开台湾的时候，怕在异乡孤单寂寞，带了很多书、大同电锅、炖锅，以及陪我踏遍全台湾的脚踏车，连行李箱也没空间装衣服。因此，我的大部分衣服都是在美国人的后院大拍卖买的，衣服的品质很好，也不旧，价钱很便宜，常常一件衣服或长裤只要二十五分钱，约合新台币七元五角。

当汤知道我买二手衣服的价钱后，就常叫我“Ms. 25 Cents”（二十五分女士）。

另一位越南的女同学叫莲。莲逃出越南的过程比汤更波折，她逃了几次都被越南警察抓回去，抓到后来，警察对她说：“怎么又是你!”

莲的父母虽然早就在美国定居了，但莲就是逃不出来。“我在越南活不下去。当时的政治和现在不一样。我只能逃。”

还有一位墨西哥同学卡西娜，三十岁上下，长得很漂亮清纯，气质很棒，态度非常好，礼貌更不在话下，还拥有墨西哥国立大学的文凭。

卡西娜的家就在美国和墨西哥边界。卡西娜说，住在边界的人拥有进出两国的自由权。婚姻破碎后，卡西娜开车带着小婴儿进入了美国，就没有再回墨西哥。

卡西娜的手足很多，他们几乎都在美国定居。至于她的手足们当初是怎么进入美国的？卡西娜的说法是，美国和墨西哥的边界很长，只要花一千美元就可以偷渡进入美国了。卡西娜幽默地说：“美国现在所拥有的美墨边界的土地，以前其实归属于墨西哥。在美墨战役中，墨西哥战败了，才割让土地给美国。”基于这个理由，卡西娜说：“与其说偷渡，不如说回家。”

我们两人常谈的议题是墨西哥和美国的教育差异。卡西娜告诉我，美国的学校教育不如墨西哥的学校教育。我的疑惑立刻升起：“那为什么墨西哥人要偷渡到美国？要在美国生孩子传下一代？”她的答复是：“经济，就是经济不振。人要生存。”“学校教育好，经济自然会强，国家也当然强。不是吗？”我说。

后来，我在美国陆续认识来自不同国度的人，包括罗马尼亚和肯亚来的同学，都自认自己母国的学校教育比美国好，而他们却也各自为了不同的理由来到美国。月亮，总是家乡的圆。但这也可以回到柯文哲医师的美国教授问他的话，改成：“如果你的国家教育那么好，怎么你的国家还不强？”

向他人请益，顺便交友

有一位下午班的同学英从韩国排名第一的大学毕业，主修英文系。她年纪轻轻，就嫁给了一个大她十来岁的韩国移民。挺着大肚子的英来上课时，手里总是带着一本英文小说。

虽然大腹便便，每个周末，英和丈夫得开两小时的车到亚特兰大为公婆做三餐。英的公公是教会的牧师，依照韩国的男尊女卑文化，英得顺从公婆的规定或需求，不得有异议。据她说，媳妇或女人在韩国的地位很低。因此，连英何时怀孕，都没有自己的自由。

英很聪明。她告诉我，直接读英文小说对提升英文能力最有帮助。认识英后，我跑图书馆更勤了。接着我发觉，我的记忆力又更好了。

还有一位好朋友是乌克兰来的利兰，她是运动员出身，我们每次在一起就是到森林里骑脚踏车。她第一次带我去森林骑脚踏车时，我看到有的地方一边高，一边低，两边的高低相差很多，我很胆怯，怕自己连车带人摔下去，可能粉身碎骨。但看到她那么自在地骑车，我也学她，抛弃自己的害怕。

那样一次又一次的森林骑车，我更加认识她了。如果当初我婉拒在森林骑车冒险，可能就难以和利兰深交。

我在美国大学交的朋友更多，大多数是我在数学系的同学，但也有其他课程的朋友，例如在心理学发展课程就交到两位眼界宽广的朋友，其中一个叫路斯，他曾到阿拉伯国家的医院工作三年，负责照顾婴儿。“阿拉伯人喜欢近亲通婚，生下的婴儿，有些有很严重的缺陷。”路斯说。

基本上，每修一堂课，我给自己的期许是，至少要在那一堂课交到一个好朋友。而在教职员方面，我也交了不少好朋友，包括家教们，他们对我的启发和功课上的帮助是难以计量的，尤其是印度裔的那里妮，屡屡在我卡住时拉我一把。

老年要过得好，朋友绝对不可少。知心好友虽然不容易寻找，但只要开放自己，接受不一样的人，就有机会交到好朋友。

二〇一三年的台湾行，我意外地学了气功，也意外地在气功团体交到不少好朋友，可以一起疯、一起笑、一起欢乐，也一起在心灵上共同学习，岂不快哉！

培养兴趣不嫌多

玩游戏，让脑袋灵活

兴趣多，是活着有意思的一项证据。

我到茱蒂和德家做客，晚餐饭后，我们就大摆龙门阵，游戏一个接着一个上场。茱蒂和德很擅长玩各式各样的游戏，他们家有许多游戏器材，通常都花不了什么钱，有各种牌可玩。他们教我游戏规则以后，我很快就跟上了节奏。而这样的饭后游戏，一不小心就会玩过头，直到深夜还不罢休。

那些游戏有的是一个人的玩法，有的是两个人的玩法，或多人玩法。这两位朋友也爱乐器，他们家的地下室就是放置乐器的场所，也是两人在家演奏的双人音乐厅。我们也在地下室玩乐器。

德从很小就拉大提琴，也玩其他乐器。他的音乐天分很高，不像茱蒂得请家教，还学得很辛苦。不过，这两个人都乐在其中，觉得音乐美化了他们的人生。

周末时，两人一起参加小镇乐团的免费公演，让来自各地的旅客一饱耳福，他们觉得那是退休生活的一种乐趣。

种植花草也是两人共同的乐趣。院子里所有的一草一木，都来自于两人的巧手。他们的生活都与两双手有关系，都是靠两双手来完成，包括自己设计、画建筑草图，到亲手盖房子。

其实，茱蒂和德两人的学历不高，一个高中毕业，一个高中辍学，两人都不喜欢学校教育，但他们的创造力却非常的活跃，就算退休进入老年的世界，也不觉老之将至，完全拜他们有很多兴趣以及知道怎么玩所赐。

安妮塔喜欢文字猜谜，几乎每天都要玩一下填字游戏。从填字游戏中，她常意外发觉一些填字游戏公司没有发现的字。偶尔安妮塔也玩纵横填字游戏。“有时候一种游戏玩太久会腻，要有多种游戏交替着玩。”她说。

“填字游戏让我的脑袋瓜更犀利，不至于遇到关卡。”填字游戏要动很多脑筋去思考，这是美国老人普遍喜欢的游戏，也能降低老人得失忆症或失智症的概率。

“我的电视几乎整天都开着。不为什么，只是喜欢听一些声音，这样就不觉得家里太安静。有时候我的电视开着，但我在玩填字游戏，有时在阅读报纸或书。看电视就像在大学上课一样，我的看电视时间也有课程表，早上、下午和晚上，都有固定的时间。我喜欢看做菜节目、动物节目、脱口秀、运动、医疗节目……我看得很杂，有的纯粹是消遣，有的是为了每天学习新知。”安妮塔列出很多节目来，对于不看电视的我来说，很教我刮目相看。

老年人喜欢把电视或音响开着，因为他们喜欢听到一些声音，这让他们觉得舒服。不过，有时候，如果老人坐在电视机前不断看电视，很容易落得被电视看的下场，若没有适当调整，很容易失智。

我到犹太人社区中心打乒乓球时，意外发现，退休的犹太人还打麻将。而犹太人打的麻将和中国、新加坡的都不同，他们打麻将只是玩玩，不会打上三天三夜，也不赌博。而且，他们打麻将还出了不少书哩！

潜能无限

珍喜欢积木。她有时会一个人花好几天时间组合一件复杂的积木。她家里有不少积木，可以重复地拼，这是很高的挑战，很难厌倦。

潘喜欢做衣服，她把数学的一些概念套用在做衣服上。她不但为自己做衣服，也为妈妈做衣服或洋装。虽然款式不新颖，但全来自于自己的想象和双手，对白天做硬邦邦工程工作的潘来说，晚上和周末的软性活动，具有平衡作用。

还有一些美国朋友喜欢下西洋棋。玛格丽特在五十岁时开始学习弹琴，从豆芽菜开始。失眠的夜晚，戴上耳机，玛格丽特练习弹琴练得很起劲。四十好几的坦亚则学习拉大提琴，每天晚餐后，她很自律地坐下来拉大提琴一小时。

六十五岁时从国语日报社长职位退休的薇薇夫人，落实了少女时期背着画架游走天涯的梦想，退休后积极学画、学摄影，并于二〇〇六年开了画展，又出新书。

在《联合报》写了二十六年专栏，本名乐茝军的薇薇夫人，经历了中年丧子、晚年丧夫之痛，但个性乐观坚强的她，一如她告诉读者的："别轻易停下脚步，别关上通往世界的门，走出属于自己的人生"，她自己就是生命的实践者。

"女人必须为自己拟一套不必离家的退休生活。尤其女性平均寿命比男性长，对未来的日子要及早规划。”薇薇夫人在专栏写作期间，对女性观察入微，尤其是家庭主妇们在牺牲奉献之后，没有名也没有钱，建议她们更需要好好规划自己的晚年生涯。退休后积极地学习绘画，从作家变成专业画家，薇薇夫人已经成为作家们的退休模范。我的朋友，散文作家刘静娟，则是在退休后发现了行天宫的新天地。“学画、写字，什么都来。一门课学完了，再报名另一门课。有时候再折回上一些课程。”行天宫的退休课程开放给大众学习，但名额有所限制，不让同一个人继续在一个领域里重复修课，以防垄断，断掉其他想学这些课程的人的机会。

“以前在报社编副刊时没有机会和家庭版的编辑袁言言当朋友，现在两人都退休了，都在行天宫上课，不但成为同学，还成为朋友，真不错!”刘静娟认为退休的人，有不一样的境界。

退休五年的林俊义则在“新头壳”（www. newtalk. tw）写生命的故事，每星期写一篇。“真诚面对自己的生命历练和过程，就说故事。”逛当地小农自己种菜的市场，和农人话家常，那种接近土地和人的感觉，也是林俊义退休后很大的喜乐。

有些人在退休后为了开创更多的兴趣，挖掘出自己的潜能，如作家薇薇夫人变成画家，成为两栖专家。

田光复从台大数学系退休后，投入经史子集的原文阅读，从中得到很大的收获和智慧。田光复当学生时，就拒绝读翻译本，坚持从原文了解原文。以前的自我锻炼，让他现在在阅读原文经史子集时驾轻就熟，没想到那样的锻炼，让退休后的生活丰富不少。另外，田光复也大玩特玩九宫格游戏，他认为，玩九宫格可以降低老人失智症的发生概率。九宫格是一种数学游戏，他常一个人玩九宫格，玩到深夜仍欲罢不能。九宫格游戏界面是一个大大的格子，画成等份的九个正方形，每一个正方形又细分为一个小九宫格。在每一个小九宫格中，分别填上一到九的数字，让整个大的九宫格每一行每一列的数字，以及两个主对角线的数字总和都相同。

郑文岚从校长职退休，迷上唱歌和骑铁马。骑铁马上山，探查、挑战、记录，全都一起来。这些是以前当校长时，很难鱼与熊掌兼顾的平衡状态。

兴趣，能静能动

婴儿潮时代的美国人，在兴趣上，比他们的父母更多元。例如麦克退休后迷上骑脚踏车，他从我居住的小镇骑车到其他州，最远从梅岗城骑到加拿大。他也曾到欧洲骑脚踏车半年。最近他才刚骑着五星旗脚踏车从乔治亚到波士顿，然后骑到美国首府华盛顿特区，再搭火车到亚特兰大，从那儿骑脚踏车回梅岗城。

另外一位朋友鲁道夫，他退休后每天和成群的朋友骑重型机车玩乐，看起来像在玩命，却在骑车和社交之间连成一条线。由于科技进步，他一个人从乔治亚州骑摩托车到阿拉斯加时，还自拍上传到脸书，让一些没能骑车去的朋友也可以一起分享，他和那群伙伴的友谊也更加坚固了。

金搬到摸头海滩三年了，他和妻子在当地找到了工作。“我当夜间的安全人员，早上下了班就到海滩钓鱼。搬来这里的目的是学习退休，还有三年我就要退休了，现在天天学习钓鱼，做退休的准备。”

梅岗城的华盛顿图书馆一楼是收藏家谱（Genealogy），每天有许多退休人士在那儿查询资料，研究自己的家族，撰写自己的家族史。他们比很多学生还认真，抱着厚厚的大书做研究，又从胶卷拷贝资料，埋头写稿。也有人在那儿研究城市史。虽然梅岗城人口才十万，但曾是摇滚乐中心，又是建筑博物馆，因此，单就梅岗城为主题出版的专书，就有十几本以上，而退休人士所做的贡献是不可磨灭的。

安妮塔在撰写自己的家族史前，还先撰写父母两方的家族史。这样一路推算，就推回欧洲的祖先去了。一本家族史需用上数年研究撰写，还得集中精神，是有效防止老年失智最经济实惠的方法。反观很多台湾人，在厅堂摆放祖先牌位，也到大陆寻根旅行，但退休后真正研究家族历史的人有多少呢？

我在美国大学修“多元文化”课程时，教授出的功课，是要学生们研究自己是第几代的美国人。我的同学们纷纷到族谱网站搜集资料，研究自己的家族。本来以白人至上的骄傲同学，居然查出自己的曾祖母是邮购新娘，态度立刻变得谦卑；也有白人同学赫然发觉祖先是海盗，便开始以不同角度对待不同族群的人。

研究家族史，是退休人士可以考虑的方向。

兴趣有时可以培养，有时则是在扩增朋友版图时，自然而来，如同买一送三一样，源源不绝。可以确定的是，兴趣愈多，生活自然愈有趣；兴趣愈多，交朋友愈容易。如果兴趣贫乏，其实也不难交友，只要开放自己，并带着谦卑的态度就行。

运用科技，让晚年得心应手

脸书时代正式来临

这是一个脸书（Facebook）的时代，一个人老后怕寂寞，只要设立自己的脸书，就可以把小学、初中、高中、大学、研究所，甚至童年邻居，所有失联已久的朋友统统找回来。一旦接上线，可以重聚或吹牛，不怕没人回应。就算你不找人，人家也会把你挖出来。

有些人检查脸书一如检查信箱一样，每天至少查一次。有些人甚至整天挂在脸书上，可以即时回复信息，比吃泡面或即溶咖啡还快又简单。上脸书网站，申请一个属于自己的账号，脸书就会主动通过你在电子信箱（E－mail）上的联络名单寄出邀请函，然后你的朋友就会进入你的脸书，和你取得联系。

社群网站选择多

推特（Twitter）的功能和脸书差不多。部落格则可以写文章，爱发表多少就发表多少；My Space、SMS（手机短信），也有异曲同工之妙。

如果搬到大陆养老定居，就设立微博吧。微博和脸书的功能一样。

在台湾，一位企业家朋友游金松充满自信地对我说，他和分布在各地的家人随时都一线牵，是零距离。

我问他，怎么一线牵法？“只要我读到什么好的文章，就立刻用智能型手机 Line 给家人。我要做什么，也随时 Line 给家人。我要出国或回国，或出差开会，甚至开会的内容，都可以 Line 给家人，孩子们也都如此 Line 给父母。这是 Line 的家庭。”

我认识的一位电视名嘴，本身就是经纪人。他用 WeChat 和所有的演员、影剧圈朋友、导演联络，无论在台湾或大陆，都 WeChat 来，WeChat 去。所有复杂的讨论或关系，不必见面，不必打电话，WeChat 一下就解决了。没有等待，没有时差，又可以立即知道结果，效率非常高。

“有时候十几年不见的朋友，突然 WeChat 一句话来，熟识的感觉又回来了。”多方便，还不需要特地抽时间出来相聚。这年代连朋友都即溶，不知是幸或不幸。我个人比较偏向和朋友相聚喝咖啡聊天和拥抱，喜欢实体胜于虚拟世界。不过，我也不否认，自己爱东奔西跑，多年来和朋友的联系其实常是通过网络来的，连打电话也是网络来网络去。

现在是地球村时代，家人和朋友可能分布在全球各个角落，相聚不易，要抽时间聊天更难，所以，科技在彼此中间架起一座桥梁。

还有 Whatsapp，性质和前两者相似。“就算你在天涯海角，朋友、家人，还是可以 Line，可以 WeChat，也可以 Whatsapp。这是很便利的工具，促成零距离的时代。”使用的人无不如此推崇。

没错，我家要接待女儿在美国大学的学妹三星期，她在美国上机时，Line 我的女儿一下，我们立刻掌握了最新状况，免去了挂念和担心。

“只要你有一部智能手机，可以上网，就能零距离，让自己的生命无限大，而且无限地自由。”朋友们纷纷这样说。

我不确定自己是否真的喜欢 Whatsapp、Line，或 WeChat 那种像泡面一样，随泡随吃的即溶感情，但喜欢的人，何妨享用它？

朋友看到我使用的 Nokia 传统手机，简直笑歪了。她说她的手机属于智能型，可以 Line，可以当相机拍照，也可以上网，但她读高中的儿子用的手机比妈妈的更高阶，笑妈妈用的不是智能手机，而是智障手机。“你用的手机就是超智障的。”她笑得忍不住要疯掉一样。

学习科技，以自身需要为主

我不以为忤，因为我需要的不多，只要可以接听来电、拨打电话，发短信，就已足够。太多的手机设计和功能，对我来说是多余的，我更不需要随时上网。更确切地说，我还刻意将上网的时间控制在最小的单位内，因为我不想要网络占用我太多时间。换句话说，我不想被网络控制。因此，我连在美国也使用十美元的智障手机，美国的家也没有网络。

四十年前就写过《科技文明的反省》一书的林俊义，觉得科技应为人文尽力，可惜科技现在变成即溶，少了人的感觉。“少了人文，就少了生命。”他说。

有不少的朋友对我诉苦，虽然有钱买智能手机，但只会用来打电话听电话发短信，其他功能都不知该如何使用。

“我买智能手机，是为了要和孩子站在同一个时代上，让孩子觉得和妈妈的距离近。”也是婴儿潮的常玉慧说。

谈到智能手机，从台大数学系退休的田光复教授说得头头是道，说他是朋友群中最高竿的智能手机使用者，连二十岁的年轻人也输给他。

“智能手机真的很迷人，如果你会用的话。我可以花很多时间在上面，乐此不疲。”田光复甚至在和旅行团到意大利旅行时，一些团员都拜托他帮忙联络或翻译。“你会英文，只要研究一下，就能把智能手机用到最极致的地步。”他说。

本身从事科技业几十年的陈庆祥，虽然已经使用苹果电脑很久，从第一代苹果就上手，但是，对于科技，他觉得老年人不必搞得太复杂，不必被那些资讯所迷惑，或为了无从上手而苦恼。

“需要得不多，会上网收发电子邮件，会用 Skype 免费和在全世界的朋友或家人聊天通话，会 Google，大致上就已经足够所需。”陈庆祥觉得，人生可以简单，就不必复杂，尤其是进入老年社会的人。

的确，Google 实在太重要了。我们要查询什么资讯，Google 一下，比自己到图书馆翻阅资料更加快速和简单。而用 Skype 联络朋友，既可以即时打字聊天，也可以互相免费通话，或者买 Skype 点数，打电话给那些没有上网、没有 Skype 的人。常玉慧连和在台南上大学的孩子通话，都舍手机而就 Skype。我的 Skype 上有来自世界各国的朋友，只要彼此在线上，随时可以聊天。而下载 Skype 简单又免费，只要上了 www. skype. com，再申请一个免费的账号，就可以 Skype 来 Skype 去，甚至还可以装上摄影机，与对方视频通话。如果是与住在大陆的朋友家人联络，QQ 就更方便了。

视频通话，打破藩篱

Skype 还可以多方通话，既可开会，也可多个朋友一起聊天。例如老王、老张、老李、老林四个退休的九十岁朋友，分住在四个不同的地方，他们想念彼此，行动却不太方便，若大家都有 Skype，又架设照相机，那么，四个人就算躺在床上，也可以一起聊天忆旧。

这对解除一个人老后的寂寞，有莫大的好处和帮助。

我在台湾或在美国时，也常用 Google Talk 和在台湾及美国的朋友通信或通话，甚至用 Google Talk 打免费电话给住在美国和加拿大的朋友，打到他们的市内电话或手机，不论我们聊多久，完全免费。同样的，用 Google Talk 打电话前，也如同 Skype，先上 Google 申请一个 Gmail 的电子信箱，再到打电话处下载档案，就可以免费下载打电话了。

网络学习，拓宽视野

林芙聪的家装设了 MOD 和宽频网络，加起来每个月才四百多元台币，就让她可以从台湾看天下，如法国的路透社、美国的 CNN，“有中文翻译，只要打开电视频道和 MOD，就可以收看路透社新闻。台湾已经很小了，若不看路透社，不透过路透社来参与国际社会，久而久之就会缺乏国际视野。”她说。

不只这样，林芙聪还充分运用 MOD 上的带状英文教学节目，“我每天早上六点看电视学习英文一个小时，老师是美加的，长期下来，英文听力能力增强，到外国自助旅行就更加得心应手，也更省钱。”

若觉得寂寞，没事可做，或想要学习各种知识，就上 YouTube（http：//www. youtube. com/），那儿可以听老歌、看节目，或者免费学英文、学数学，或者听演讲，例如很有口碑的世界级演讲 TED（Technology，Entertainment，Design）（http：//www. ted. com/），在 YouTube 都可以观赏。TED 的口号是“ideas worth spreading”，意即“值得分享的点子或想法”。受邀在 TED 演讲的人，都是各界的翘楚，可以扩大你的视野，走在时代的前端。想要减肥，或者有什么疑难杂症，YouTube 和 Google 一样，都可以充分满足你的需求。上 YouTube 网站，输入你想听的歌，不管是凤飞飞或者邓丽君的演唱会，爱听多少就听多少。

想要上网交异性朋友，网络更是天涯一线牵。配对网站 Match（www. match. com）是其中的龙头，老少咸宜。Tumblr（www. tumblr. com）也不逊色，一样任君使用。

让科技帮你做家事

擅长使用现代科技，例如免费通话的Skype或Google Talk，不但可以降低费用的支出，又方便，也缩短了与朋友的距离，甚至可以从中认识新朋友。或者透过这样的科技，而与国际人士往来，学习英文或其他语言便利又免费。

电脑几乎就是科技的代名词。不论使用电脑或智能手机，在一个人老后，要和全球接轨，学习电脑和上网的必要性，是不容置疑的。这部分老年人比年轻人笨拙，吃亏很多，但这也是向年轻人学习的最好时机。年轻人是在手指时代出生长大，他们手指功夫比父母或长辈强得多，让他们当我们的老师，彼此都开心。

这是十倍快速的时代，稍不留神，或稍微懒惰一下，就有被科技抛到后头的危机。不过，科技也让人的观念转变快速，随时更新，还真容易忙翻了，也不至于有时间寂寞和叹息。

大方尝试新产品，给自己方便

同样地，科技在家事上也有超凡的助益。如自动吸尘器，只要打开开关，自动吸尘器就可以将整个家的地板吸得干干净净，连起身都不必。

又如洗碗机，一个人吃饭，也可以不必洗碗筷。像安妮塔一样，吃饱了，将所有的晚盘叉子，甚至锅子、铲子等全放入洗碗机。几餐累积下来，只要放入洗洁精，再按下开关，碗盘就会洗干净而且自动烘干，卫生得很。

我有一对将近八十岁的美国夫妻朋友玛丽露和马汀住在乡下，与他们的马场相邻，并养了十七匹马。他们会开半小时的车到小镇书店买书。他们是大量阅读的人，书店小，难以供应所需，后来就常上网买书，一个星期之内，书就会寄达家里。另外，他们各自拥有一台亚马逊网络书店出品的阅读机 Kindle，若上网买电子版的书，几秒钟之内，电子书就进入阅读机，可以立刻阅读。夫妻两人爱读的书不同，但也会交换阅读。

美国的电子阅读机，除了亚马逊网络书店的 Kindle，还有连锁书店 Barnes & Noble 的 Nook 可选择。价钱最便宜的只要六十九美元。电子阅读机很方便，而且可储存的书很多，就像一个个人的图书馆，对老年人而言，不必背着沉重的书出门，不啻是老年阅读的伟大推手。

即便住在小地方，无国界的网络时代，仍为老人的舒适生活创造了更大的空间和机会。

体贴自己，更健康

我在拜访或借宿别人家时，要告辞之前，都会主动清扫房子和浴室，不为主人增加因我而带来的打扫工作。

不过，在安妮塔家，当我要清洗浴室和浴缸，问她我可以用哪种工具清洗时，安妮塔回答我：“你不必洗，只要按下开关，浴缸就会自动清洗得干干净净。”

我问她怎么按，原来，在莲蓬头的区域，安妮塔挂了一罐从超市买来的浴室清洗剂。妙就妙在清洗剂上有一个开关设计，只要按下开关，并将浴帘拉上，几分钟后，浴缸和墙壁都自动清洗干净了。

“这是很体贴老人的物品，很好用，不然老人家为了做一些家里的清洁，可能受伤，或者太累，划不来。摔伤是老人最大的致命伤，能不受伤是最好的。”安妮塔对我说。

同样地，衣服脏了，放到洗衣机洗好后，取出，再放入烘干机烘干。安妮塔也认为这是对老人很不错的方式。“用阳光晒衣服很经济，闻起来很香，穿起来更舒服。但是我已经老了，我想让自己舒服和安全，所以选择烘干机。虽然我得为此多支付一些电费，但总比支付医药费和徒增的疼痛好。”

中央空调上的使用，安妮塔也很赞成。老人的身体在适应自然气候变化上的能力降低了，当气候剧变时，常常可能因此生病或骤逝。“尤其是冬天，冷锋或是寒流来袭，老人的身体承受不住，便可能心脏衰竭或中风。”空调和电力的费用加起来，像安妮塔这样的家，一个月大约一百美金，却对老人健康有绝对的帮助。

对老人而言，有些钱是省不得的。有时候省了小钱，反倒花大钱。还可能因此失去生命，何苦来哉？

烤箱不只可以用来烤面包、蛋糕、鱼、海产或肉，其实要卤肉和蔬菜也很便利。烤肉时，还可以将一些蔬菜类放进烤箱一起烤，例如洋葱、番薯、马铃薯等根茎类食物，只要花一次工夫，所有的食物就可同时完成。

从科技、空调冷暖气、冷冻食物、住宅品质、无障碍空间设计和开车等层面来看，我一直认为美国是老人的天堂。只要不虐待自己，在美国养老，其实很容易。

这是一个容易被隔离的时代，但也容易和国际同步，如果善用科技和网络的话，真的可以做到全球零时差。

一个人如何做饭

台湾人“老外”很多，我指的是每天在外进餐的人。有的人觉得一个人独居，怎么做菜煮饭？三菜一汤，搞下来精疲力竭，而且，也吃不了那么多，太麻烦了。

我的饮食很简单，有时候一条大番薯放到大同电锅蒸二十分钟，或微波炉微个五分钟，配上一杯咖啡或一杯奶茶，加上一些水果，就是我的一餐。一个人吃饭，可以极简也可以极繁。

我的公寓有一个很大的阳台。阳台外绿意畲然，大树环绕，还可眺望街道上的车辆和红绿灯。有时候我一个人在阳台野餐，坐在那儿，望着小鸟在觅食，看着树上的果子随风飘落，那就是我的幸福。

一个人吃饭，最自在是在于顺应个人风格。随着个人的喜好，爱怎么吃就怎么吃，是完全的自由。

一个人吃饭，得心应手

林俊义一个人居住。退休后，他花时间在逛市场买菜、做菜上。林俊义很会做菜，还讲究器皿。每道菜该如何烹饪，用什么器皿盛装，都在考虑之内。他把生活的一切当成艺术，慢慢品尝享受。他将一个人老后的饮食，从蔬果社区化，经过自己用心调理后，变成世界级的饮食。简朴的生活，世界级的品质享受。

我的朋友潘，绝对是熟女。将近五十岁的她，几乎不外食，完全是自己做菜。她的家，咖啡机是一人或两人用的小型咖啡机，和我的咖啡机一样大小。要喝一杯咖啡，就煮一杯咖啡。要喝两杯咖啡，容量刚刚好。我不只用咖啡机煮咖啡，还用咖啡机泡茶，而且可持续保温。冬天时，我的咖啡机就变成热水机，喝热水时，只要放水进去，就有热腾腾的水可以喝。

我还有一个十人份的大同电锅，煮饭做菜都很方便。我一次煮几天份的饭，放到冰箱冷藏或冷冻，每次取一餐的量出来加热。或者，当我在大学上课时，我就分装了一整个星期的便当。

身为工程师的潘，做事情井井有条。她的冰箱既整洁又干净，很有工程师的风格。她用盒子盛装所有的食物，再将盒子排好。

美国人一般不会将盘子或锅子放到冰箱去。吃剩的菜，他们会用盒子装起来，才放到冰箱。喝不完的汤也一样做法。这样冰箱不但干净，又方便整理，而且一目了然，不需要耗费时间找食物。

善待自己，从每一餐开始

潘一星期买一次菜，她的收入不错，在饮食方面，如果可能，她以有机新鲜的食物为主。很多时候，她是到当地的菜农市场购买新鲜的蔬果。其他的食物，就从超市采购。因为一个人独居，也一个人吃饭，因此，潘买的食物很多元化，也很国际化。她甚至有一个储藏室，专门存放各种干货。

星期一到星期五，是潘上班的日子。星期日是潘做星期便当的时间。她的便当很"色"，因为食物很多元。午餐的便当和晚餐的食物不一定相同，尽可能求变化。她将做好的饭菜，用便当盒装好，放到冰箱的冷藏或冷冻室。每天早上要去工作时，她就带一个便当到公司去。

爱做菜的潘，有一大堆食谱书。虽然只有一个人过活，潘做的菜毫不含糊，甚至比很多四人家庭还更出色好吃。她会为自己用烤箱烤不一样的甜点，让她的日子过得多彩多姿，连食物都不放过。

潘的碗盘有大有小，主要是潘喜欢创造属于自己的传统文化，她喜欢在节庆时做很传统的美国南方菜，邀请熟识的朋友和父母共餐。例如感恩节和圣诞节，潘乐意花两三天的时间准备丰盛的食物，就喜欢看到家里有些客人和她一起度过节庆。

美国感恩节和圣诞节的食物很多，犹如中国的农历春节。一人独居，潘既享受一个人的多元饮食，同时也乐于分享丰富的庆典食物。这和一些独居的人思考不同，那些人可能宁可上餐馆解决或者到别人家欢度，反正只有一个人、一个碗、一双筷子而已。

同样是一个人独居，潘为自己做的菜比四人家庭还丰盛。一个人，可以是皇帝，也可以是贩夫走卒，就看自己如何定义自己，如何看待自己的生命。

如果喜欢做菜，就好好享受做菜，不必受限于一人的思考。

转个弯，生活更简单

传统的中国菜很麻烦，做菜的时间多，而且，可能一道菜就只有一样菜，如炒空心菜、炒茄子……我在美国的中餐馆学到一道菜可以丢入七八种菜混煮，这样很适合一个人吃饭，又符合每日五蔬果的营养需求。

安妮塔独居十几年了。她也是爱做菜的人。虽然只有一个人，她却有一个大冰箱、两个冰库，还有一个食物储藏间。我常笑她，就算台风来一整个月，食物也不虞匮乏。

美式生活比我们简单，安妮塔早上起床，通常是为自己煮一壶咖啡，边喝咖啡边读报纸。咖啡喝完了，安妮塔给自己做早餐。美式的早餐很简单，培根或香肠下去煎，起锅后，用锅里的油炒蛋。吃早餐时，有面包和其他自制的果酱搭配。饮料则是自制的冰甜茶。

安妮塔的早餐很有变化，有时候是南方的小米粥或是薄煎饼（Pancake）或是比司吉（Biscuit），加上其他的配菜。

她的午餐更简单，通常是三明治，一如多数的美国人。晚餐比较丰富，但她也不是每天晚上做菜，而是几天做一次。

非常注重健康的常玉慧则认为全食最佳，如吃葡萄时，连皮和种子一起吃，营养更好。

害怕一个人独居？

育儿经，东西差异大

婴儿出生了，长辈交代，要和孩子睡一起，这样喂奶和换尿布都便利。万一孩子啼哭、生病，也可以即时照顾。这一睡，可能睡到五六岁，甚至七八岁都有。后来，要孩子一个人睡，说不敢，怕一个人睡觉，怕黑。夫妻生活，自然因为小孩来到而被牺牲，有也要偷偷摸摸，像是做坏事一样，速战速决，因为孩子睡在父母之间。在这种情况下，甭谈品质了。

然后，父母忙着赚钱，忙着工作，小孩子到安亲班或补习班度过他们大部分的时间，晚餐是在外面胡乱吃的。接着，父母向孩子索分数，索养育栽培的恩惠人情。父母用辛苦工作来提供金钱给孩子，证实对孩子的爱，中间的情感是断裂的。

西方的孩子是一出娘胎，就一个人睡觉，睡在自己的房间，连孤独都自在。西方的父母在孩子床前说故事，帮助孩子舒适安稳地进入梦乡，这是文化。孩子也怕黑，父母利用说故事和房间布置及灯光设计，帮助孩子驱除不安的情绪。

然后，他们的父母花很多时间陪孩子成长，一起到野外探险，一起露营，一起在社区做义工。晚餐桌上，父母孩子聊天，从小聊到大。父母教孩子做家事、烹饪及生活技能，包括开车，中间的情感是联结的。父母真的是孩子的第一个老师。

长大后，这两个群体不一样。一个是依赖，一个是独立。而这两个字，其实也没差多少，在英文中，拼字几乎一样（dependent，independent），只是后者前面加上 in－而已。再者，前者父母叮咛，不要走远，太危险；后者一个人背着背包，海角天涯地闯荡，父母不说担心两个字，却是祝福。

所以，后者一个人生活，没问题，还说享受自在。前者觉得一个人过日子太可怜，始终没断奶，这是后遗症。

东方属于群体文化，和西方的独立文化不同。因此，从小就在群体中生存，学会看家人脸色，看长辈脸色，看老师脸色，看长官脸色，接着又看配偶的脸色，老来时则看孩子的脸色。一辈子都在人家的脸色下过活，不容易。同时，也被灌输“在家靠父母，出外靠朋友”的观念，就是依赖。

在这样的环境下成长，不敢一个人到电影院看电影，不敢一个人去爬山，不敢一个人去上厕所，不敢一个人过夜，不敢一个人旅行。这么多的“一个人不敢”，不知不觉内化成很多人的性格和文化。

既然如此，看电影要相邀朋友，连上洗手间都不例外。对西方人而言很隐私的洗手间，我们可以结伴欢欢喜喜地聊天去，聊天回，变成特殊的文化。

独居与否，性别有落差

根据美国人口统计局的人口调查（the Census Bureau's Current

Population Survey，CPS），二〇〇二年时，六十五岁以上的人，有72.6%的男人与配偶一起居住，但只有41.3%的女人与配偶共居。七十五岁到八十四岁的人，有76.7%的男人与配偶一起生活，只有52.9%的女人与配偶共居。八十五岁以上的人，有67.1%的男人与配偶同居，只有28.8%的女人和配偶一起居住。

这样的情形，除了女人比男人长寿，还有女人通常与比她们年纪大的男人结婚，以及在配偶辞世后，女人较少再婚。因此，年纪愈大的男人和女人，同时都是一个人老后，不只是女人而已。随着年纪的增加，一个人独居的概率就更高。

有趣的是，这项调查同时发现，有18%的人和亲戚一起居住，而其中有15%是女人。主要是女人的功能多，如协助子女或亲戚照顾孙子女，或做三餐，或打扫房子整理院子，让年轻人下班回家就有晚餐可吃。

在二〇〇二年时，美国六十五岁以上的女人有41%和配偶居住在一起，40%独居，19%和其他人共居；其中有41%的家庭有十八岁以上的孩子，这表示这些共居的女人提供了照顾孙子女的服务，其他也可能包括家务服务。同时期，美国六十五岁以上的男人有73%和配偶住，17%的男人独居，只有10%与其他人共居。

信不信由你，美国的街友很难看到老年人。成为街友，可能连带其他的社会福利、社安基金、Medicare保险及住屋供应，都被挖走了，难怪少有老人街友出现。

一个人的生活成本

一个人独居，生活成本比两个人或四个人共居还高昂。例如，一个人居住不可能买三条苦瓜五十元，否则，天天吃到苦瓜脸，得不偿失。买小包装的产品，价钱也比大包装昂贵。租房子，一个人住和两个人住，价钱不一样。一个人买一间房子，和两个人一起买一间房子，成本落差很大。

别说什么买二送一很高兴。如果两个人，每人吃一个，再一起共吃第三个，很默契，有青梅竹马的感觉，很快乐；但如果只有一个人，买一送一，连续一个人吃两份同样的食物，那是倒胃口。

住在有管理员的大厦，管理费是一个人支付还是两个人分摊，价钱差很多。

这样看来，一个人老后的成本似乎很高。但同时别忽略了，那背后隐藏的自由无价，是无法用金钱来衡量的。假设明明你是早起的鸟儿，作息是日出而作，日落而息，一个人住很太平、很和谐、很健康；但若还有两个人和你住在一起，而且睡到中午还不起床，你打个电话，他们就埋怨你太吵，你就会生气，都中午十二点，还早什么早？

于是，你一整天的心情全被毁了。这样，还优雅得起来吗？连喝咖啡的心情都局促不安，想优雅地老，门都没有。

没错，大楼管理费是分成三等份的，但心情被拆的不只是三等份而已，整个人连本带利，全被掏光了。

这就是为什么美国大学的宿舍，单人房比双人房的价钱贵很多，单人房总是要排队等候。看得见的价钱，不一定看得见成本。有形的价钱和无形的成本，往往不能做逻辑的比较。

换个想法，寂寞变自由

你问我，为什么要一个人自助旅行？不寂寞吗？不危险吗？价钱不是比旅行团贵吗？我的答复很简单，一个人自助旅行很自由，爱走东就走东，爱走西就走西。不想走，躺在广场睡个午觉，也不得罪人。人生那么短，干吗老是为别人而活？我可没耐性等着人家在皇宫画图，说机会难逢。价钱是自由换来的，我的时间不需要被控制，我不需要等一群叽叽喳喳、兴高采烈捡到便宜的人，我也不需要连吃一顿饭都要和人家斡旋交际！时间是我自己的，不需商量，多好。

寂寞吗？怎会，天空多美，鸟儿展翅多帅，手里的书多吸引我，还有路过的陌生人可以天南地北地聊天。一个人，脑袋瓜思绪波涛汹涌，一个灵感出现了，下一篇文章或下一本书就诞生了。也或许，寂寞时我刚好睡着了。

而说到危险，如果一个人自助旅行会危险，那么，两个人或十个人一起旅行，也一样会危险。你看过战争是只有一个人的吗？很多时候，危险是自己幻想来的！

想一个人老后，要先做心理建设，把一些陈腐的观念一一清除，就像自助旅行一样，想清楚了，才踏出那一步。

要和孩子一起居住吗

养儿防老，恐成啃老

我的英文老师布朗太太是很友善礼貌的美国南方人，在路易斯安那州的首府新奥尔良出生长大。她比我稍长几岁，身材瘦削，笑起来很有英国戴安娜王妃的神韵。布朗太太在就读大学二年级时，和同年纪的丈夫结婚，婚后两人的第一个爱情结晶很快就来报到，但夫妻两人还是将大学学业完成了。

布朗太太和丈夫共育有二子，皆已成年，其中的一个儿子大学毕业后在家乡找到工作，布朗太太喜欢儿子住在家里。她和丈夫的家有四个房间，同住，儿子既可省房租，家人又可以天天相见。她认为这是合情合理，也两全其美的想法和做法，但布朗先生不同意。

布朗先生拒绝儿子住在家里的理由是，儿子已经成年了，他应该在外赁屋居住。“支付房租，就是认识生活成本和生命成本的一个必然过程，也是一个成人为自己应负的责任。这种钱不能省。省了小钱，将来要付大钱，儿子将缺乏独立的精神与能力，当然也剥夺了他求生的能力。我们不只不要养会依靠父母的儿子，也不能眼睁睁地看儿子毁在我们不清不楚的观念里。”

当他们的小儿子约翰从空军的职业军人退伍后，申请到大学就读，也同时做一份大楼管理员的安全警卫工作。这样既可以读书，又可以赚钱。就在就读大学期间，约翰和女友踏入婚姻殿堂，很快，第一个孩子小约翰出生了。

后来儿子转学到离父母小镇不远的大学，当然也因搬迁而失去原来的工作，没有收入。年轻夫妇都失业，又有小婴儿，就商讨父母借他们这个小家庭暂时居住。

在那段与儿子的家庭共居的期间，布朗夫妇每天忙着享受照顾小约翰的时光，欣喜地看着小约翰一寸寸长大。旋即，约翰和太太的婚姻起了变化，太太坚持离去。小婴儿的监护权属于双方共管，因此，小约翰每星期有几天住在爷爷奶奶的家。

布朗夫妇在孩子有危机时伸出援手。不过当然，孩子不能久留。

布朗先生的想法和多数的美国人相同，长大，就要独立。住在一起，看起来省钱省事，实则相反。儿子可能在家养成衣来伸手，饭来张口的坏习惯，甚至结婚以后，一个负担变成两个负担，那样一来，布朗太太可能变成儿子和媳妇的无偿佣人，剥夺了妈妈的自由与夫妻的清静生活。

独立是西方的核心精神，更是美国的建国精神基础。另一方面，独立等于吃苦，没有吃苦的人很难培养独立的能力。独立也有代价，省了这种钱，也许儿子将来不只不独立，可能还啃老，而且是据理力争地啃。

责任，不是不快乐的借口

莎拉的情况不一样。有一天晚上，莎拉开车回家的途中被一辆车尾随到家，说她开车的速度太慢，波及其他驾驶人的行车安全。

第二天，莎拉的驾照被剥夺了。没有驾照，即便莎拉已经开车一辈子，她还是没有资格开车。不能开车，在美国等于没有脚，寸步难行。莎拉的女儿苏珊知道了妈妈的情况，八十七岁的妈妈不能再开车，这件事情非常重要。她立刻辞去亚特兰大的工作，搬到妈妈的小镇，也就是苏珊出生成长的地方，与妈妈共同居住。

首先，苏珊嫌妈妈的房子太大，不好整理，又年久失修，要花大钱整修，不如卖掉大房子，改买位于湖畔漂亮的小房子。

于是，莎拉被迫离开她住了一辈子的家，也告别了几十年的邻居和教友。

接下来，苏珊给妈妈买了许多新衣服，要妈妈改穿新衣服，说这样出门才好看，才不会被人家误以为女儿没有照顾好妈妈。

看着那一堆挂着的新衣，莎拉很不开心。她过惯朴素的生活，也喜欢简单的穿着。衣服虽旧，却让她感觉舒服。如今，女儿要她穿上新衣服，莎拉百般不愿意。

然后苏珊不准妈妈再下厨做菜。她认为妈妈老了，做菜太危险，有可能忘记关火，把厨房烧掉。可是，对爱做菜、也做了一辈子菜的莎拉，却是相当的折磨。

不能下厨，自己好像变成一无所用的人。女儿从不下厨，因此，莎拉想吃自己爱吃的食物也没辙，只能跟着女儿到餐馆用餐。

莎拉是走过美国经济大萧条年代的人，向来过着俭约日子，也遵行简单朴素的价值。如今，为了三餐，她得到餐馆点餐，等候，吃完才回家。

不只这样，外食的时候，难免会碰到老朋友。每次莎拉在和老朋友谈话时，苏珊会主动将妈妈说的话诠释一遍，让妈妈的朋友更了解她的意思，就算对方听懂妈妈的意思，苏珊仍坚持做翻译的桥梁工作。这让莎拉不舒服，好像她已经老到连说话都不清楚。而且，当莎拉和朋友说话时，苏珊会插嘴干预，有时甚至当着朋友的面对妈妈说："妈妈你不该这样说，妈妈你应该那样说。"

更惨的是，莎拉有医生预约时，就算苏珊不能陪同前去，也要千叮咛万嘱咐妈妈该如何对医生说话。

星期天是莎拉上教堂的时间，那是她搬家后唯一快乐的时光，因为她可以见到一辈子一起上教会的老朋友。可是，对苏珊来说，上妈妈的教堂让她很不舒服。虽然妈妈的教会是苏珊童年的教会，但她已经长大，而且六十岁了，那些看着她出生，也看着她长大的人，却仍然视苏珊为小朋友，这让苏珊很不舒服。况且，妈妈的教会几乎都是老人，没有和她同年纪的人，加上苏珊的同学和朋友长大后都已经离开小镇、另起炉灶，使得她和妈妈共住时，觉得自己的生命被绑住了。

原来两个分别住在不同城市的女人，过着自己快乐的日子，如今，老妈妈和老女儿两个人住在一起，却彼此都不快乐。

莎拉觉得自己的主体性不见了。她的独立人格也被剥夺了。苏珊觉得照顾妈妈真辛苦，自己又寂寞没有朋友，还有搬来与妈妈同住，当然也辞掉原来的工作了。

没有工作，就没有收入。苏珊的成就感消失了。两个女人互相干瞪眼，都希望彼此不要天天相见。一年后，莎拉才过八十八岁生日，就带着郁郁寡欢的心情走完了一生。苏珊仍然住在妈妈的小镇，虽回到学校上课，却还是感觉生命失落了。她抱怨原来收入那么好的工作，再也找不回来了。毕竟那是她工作三十年的地方，六十岁的苏珊，要去哪儿再找到那样丰厚的收入呢？

一个人老后本来很快乐，在女儿搬入一起住后，两人的世界，却充满干预、过度关怀与操纵。莎拉的朋友们认为，就是与女儿同住，莎拉才提前离开这个世界。

我曾问莎拉，她和女儿之间，究竟谁是妈妈，谁是女儿。莎拉沉默一下，怯懦地指着女儿说："她是妈妈，我是女儿。"苏珊当下却反驳说，妈妈就像十七岁任性的少年，叛逆，难以理解。我认识莎拉，也认识苏珊。两个好人，善良的好人，却因同住和照顾，落得双输的下场。

安妮塔年纪和莎拉接近，她的大媳妇贝蒂和我有不错的友谊关系。贝蒂曾告诉我，早就为安妮塔安置一个房间，只要她愿意，随时可以搬进来与他们夫妻同住。为此，我曾问安妮塔，将来愿意搬去与儿子媳妇一起住吗？她说，不！各住各的，各自有自己的完全自由。自由是老人的崇高价值，她捍卫自己自由的同时，也在维护儿子和媳妇的自由。

看到莎拉的晚年下场，我心有戚戚焉，希望将来一个人老后，不要被子女当成小朋友对待，我无法承受被管、被念、被操纵。阿门！

虐待老人，以家人为首

美国国家长者虐待中心 NCEA（The National Center on Elder Abuse）报告，主要虐待老人的是他们的家庭成员（90%），包括成年子女、配偶或同居人及其他。虐待老人的家人，以吸毒、酗酒之人中有精神疾病者和操劳的照顾者为主（不是照顾者的话，虐待老人概率会比较低）。虐待老人的情况，包括家人没有察觉到那样的动作或态度是虐待，与未警觉或未经训练都有关。被家人虐待的美国老人通常不会报警，除了怕被报复外，也是不想要家人惹上官司的麻烦。

我一位九十岁的美国朋友最近卖掉自己名下的一幢房子，她的成年女儿虽然是高收入者，却硬要分杯羹。说穿了，就是勒索。

美国的老人独居，是他们喜欢自己住，就像安妮塔一样，要有绝对的个人自由。莎拉也不乐意与女儿同住，只是女儿自认有义务要与妈妈同住和照顾妈妈，以为不这样做会被人家指责，会良心不安。同样地，美国的成年人，大多数也不喜欢与父母同住。理由和安妮塔一样，保有双方自由，偶尔互相拜访，关系更好。

好玩的是，根据美国的研究，收入愈高的老人，愈不愿意与成年孩子同住。他们还希望离成年孩子愈远愈好。

我妈妈如今已经独居七年了。老伴走后，她最想和儿子的家庭同住，但是在自己的家当王习惯了，个性缺乏弹性的她，觉得那是做客。

自己一个人住时，我妈妈不懂安排自己的生活，也不识字，又没有什么兴趣，天天担心万一挂了，没有人发觉。到儿子家，除了无事可做，还觉得是看儿媳脸色，好像突然变成小媳妇或被关在笼子里又失去自己的声音那么可怜；而且，她又怕迷路，走不出去。像我妈妈这样的长者，在台湾到处都是。也许，我的妈妈有忧郁症倾向。阿弥陀佛，善哉善哉！

向养老院报到

我在美国大学就读，我的奖学金中，有一份奖学金的提供者是一位九十五岁、终身未婚、也没有孩子的凯萨琳女士。她将自己的钱委托非营利组织处理，自己则住在小镇的养老院里过晚年。

养老院坐落于城外购物中心的后面，里面的老人很多。每一个老人住一间房，包括一个客厅、卫浴，和一个睡觉的房间，像是五星级的旅馆。这是养老院基本的设备，有如在自己的家一样舒适自在。若有访客来，是到她的客厅去，因此她仍保有自己的隐私。

我去拜访她时，她的情况看起来不错，虽坐在轮椅上，但生活可以自理，还谈笑风生。养老院有固定的作息时间，也一起用餐。老人们嘻嘻哈哈的，其实也挺温馨。

入住养老院，成为高级选择

应书填在老伴过世后，虽然才八十几岁，身体还很健朗，但他决定搬入上海的养老院。如今，应书填已经九十几岁了，还是觉得养老院是很棒的晚年之家。

在养老院里，应书填认识了很多人，也参与不少活动，其中，学书法最让他乐此不疲，他还写了很多的书法送人。应书填住养老院的费用每个月八千元人民币，是自己支付的，他是很独立的人，安排自己的财务很有一手。他对于晚年有自己的坚持，子孙定期到养老院探望他，他很开心。在养老院里，他还交了一个年纪接近，住在隔壁房的女友。

另外一个朋友，他的爸爸也是九十几岁了，就住在长庚林口的养生村，养老院的费用由几个儿子均分。平时，他们定期在晚上和爸爸通电话，偶尔接爸爸到外面餐馆用餐聊天，老爸爸在养生村过得也不错。

有一位朋友的妈妈，则是住在台北高级住宅地区的一间养老院中。养老院每个月的费用是四万元台币，由妈妈自己的存款支付。据她说，养老院为了让老人安静睡觉不吵到其他人，做法是在晚餐前每个老人都先喂食安眠药。“这是进养老院前就签的契约，若子女不从，养老院就不收人。”

会将父母送入该养老院，据朋友说，都是很有钱的人家。养老院的收费分成两种，四万元的，每天有专人给洗澡。若尿湿裤子或大便在裤子里，随按铃随清理。两万八千元的，每星期洗澡两次，若有状况发生，处理的速度比较慢。

放手，海阔天空

我的姨丈说：“为什么要怕老？若老了，生病了，可以聘请外劳照顾，这样又有伴，也不错。或者往养老院住去，也是一个解决的好方法。只要老人有钱，什么都好解决。”我的姨丈认为以前的人老了，只能依靠子孙，没有其他选择，所以才把亲人的关系搞得那么复杂。

“就是一个观念。观念通了，问题解决一大半。”七十一岁的姨丈对我这么说。

可是，我的妈妈就放话，说她不论在什么状况下，绝不到养老院去。像我妈妈这样没有弹性或害怕养老院的人也不少。但也无须担心，台湾申请外劳很方便，问题也不难解决。排斥养老院，可能是因为听到太多养老院的负面新闻或讹传所致。

“我要在自己的家老去。”是很多老人的想法，我的妈妈也不例外。就如安妮塔，也坚持不到养老院去。

但万一时间到了，还是可以改变想法，让自己好过，也让子女好过，不必浪费力气抗拒无法抗拒的事实。

终身学习，学习终身

You are never too old to learn.

这是一个瞬息万变的时代，也是一个充满机会的时代，只要愿意，到处都可以学习。

美国人说："You are never too old to learn."意思是，在学习的路上，永远都不嫌迟。所以，在美国的大学，像我这样的年纪当全修生（Full time）的学生，比比皆是。全修生每学期至少要修十二个学分。美国大学生修的学分与台湾大学生有很大的不同，在台湾，大学生一学期修二十几个学分的人很多，但在美国，那是不可能的。美国的教授几乎都给学生很多功课，有很多书要读，还有很多考试，十二个学分就已经足够把一个人所有的时间全部消耗光了。因此，几乎所有大学都规定最高学分以十八学分为限，要修超过十八个学分的大学生还得特别向校方提出申请，经过学校评估该学生的学习能力和承受压力的能力足够，才准许加修课程。

当然，也有全职工作者下班后回到大学上课，学习第二专长，其中，首次进入大学，成为大学生的人更多。他们往往一学期修一门或两门课。

学习，是最好的养生

和十八岁或二十岁的学生一起上课，一起学习，也一起玩乐，是我这几年在美国的生活经验。

我从数学白痴变成数学系的学生，每天和数学交战，也每天在挑战自己的能耐。我从来没有想过自己会读数学系，也没想过有一天会修人人避之唯恐不及的微积分，而且一修就修了三个微积分课程。后来数学课程愈修愈多，从 1000 等级到 2000 等级，接着是 3000 等级，然后是 4000 最高等级的数学。

此时，再回头看微积分，才发现原来微积分在数学专业里，还是 1000 至 2000 等级的低阶数学。

那些研读数学的岁月，绕着基础线性代数和高级线性代数课程，在三维空间打转。数理统计是 4000 等级的课程，我一修就修了两个，也是绕着高等微积分在解决那些三维的课题。我在统计数理课 I 的第一次月考交出考卷时，忍不住当场就放声哭了起来，吓坏了我的教授。我被那些理论绑架，而且教授的出题方式是连续题，也就是如果第一题不会做，第二题以后的题目全部零分；第三题不会做，第四题以后全部零分，依此类推。可以想象，那是多么恐怖的考题。

有了那学期的惨痛经验，下学期我修统计数理 II 时，碰到困难就上网寻求帮忙。东走西逛时，逛到一个台湾人林志哲的部落格，他是美国的统计博士，还在美国大学教过书，当时他在某个公司工作。我在空中和他对谈数理统计，他也通过电子邮件的方式为我义务家教了一整个学期。

有一次他回台湾度假，再回美国时，他在 E－mail 中说：“我有好几个朋友都是你的粉丝。这世界真小。”他也曾在我沮丧时晓我大义，说统计本身就像谜团，有时连统计博士也会被卡住。

而数论带给我的乐趣，真是无与伦比；但图论就把我搞得凄惨兮兮。看到同学被图论教授当掉，我采取了自以为聪明的做法，旁听两学期图论后，才敢修那门课。结果呢？还是难。多难呢？唉！别提了。那是我打算进入老年没事干时，要重新做的功课，每天要来画图，再写那些证明。

所以，你问我，这等年纪去念数学系干什么？我的答复是，老年时解寂寞用，用来训练脑袋瓜，以避免老年失智症的发生。而且，万一老年没事干时，可以把做数学题目当游戏玩。如果你知道阿兹海默症患者的家庭需要为一个失智症家人付出多少的金钱、精神与人力后，就能体会到我读数学系是多么划算的老年投资。

如果政府懂得成本，会计算阿兹海默症的代价，也应该会乐于为中老年人提供上大学的奖学金，这就好比政府办学校比盖监狱成本还低很多，是一样的道理。

如果申请得到奖学金，当然义无反顾地去美国上大学。即使找不到资助的奖学金，我很异想天开地认为，把房子拿去抵押贷款读大学，也都值得。

学习方式不设限

话说回来，其实老年学习不一定要花大钱，也不一定要倾其所有，甚至还可以不花一毛钱，就学得十分尽兴，气质还无限上升，自然上升到“优雅地老”。

散文作家刘静娟退休后在行天宫上课多年了，在那儿，她不只学习，还交了新朋友。她每学期都规规矩矩地当学生，必上的几堂课有书法和绘画，书法中的行书、草书、隶书……绘画中的国画、工笔画、山水画……无一不尽入她的囊中。

薇薇夫人退休后，积极地学习绘画，从作家变成专业画家。如果李潼还在世，一定要将两人设定为顽皮可爱的老少年，写一系列的老少年生命游记。

六十五岁的邱国顺早上在市场卖鱼，夜间在两个社区的庙宇或社区教室免费教卡拉 OK，教学相长，让他天天都在忙碌中快乐地度过。这之前，邱国顺在社区大学修了六七年课，包括学习唱卡拉OK。活力十足，使得刚入初老的他，不容易被看出真正的年纪来。欧美玉也在市场卖鱼，收了鱼摊，她也到社区大学上课。不只这样，她还参加读书会，沉浸在读书和交友的世界里。

以前来宜兰社大、罗东社大或师大人文中心上我的“小钱游世界”自助旅行课程的朋友们，多年后的现在，他们在世界各国踽踽独行。有些人原先个性内向，怕与陌生人相处、怕一个人旅行、怕一个人住旅馆、怕一个人吃饭，现在，他们背着背包，一个人或两个人一起走到世界各个角落，愈来愈自在，终于把流浪当人生乐趣，这才发觉，年轻时的自己，怎么过着那么呆板和无聊的日子！反倒是现在愈过愈有趣，还真享受如今的岁月，连保养品化妆品都给扔了。

退休多年的郭继宗，现在正一个人在东欧的罗马尼亚自助旅行三个月。他发觉，上了自助旅行的课后，他的世界变大了，而且大到无法想象。林芙聪也是一样，还自己跑到非洲的乌干达旅行，意外地开启了她及一些朋友每年支助当地人的慈善之路。

社区大学、老年大学，以及民间的私人教室（我不喜欢补习班这个称呼，感觉像是被压迫似的）都提供了多元课程，让想学的人尽情地学习。张天福在妻子过世后，参加了歌唱课程，现在他跟着一个团体到各地表演。忙，让他走出丧妻之痛。

不工作了以后，更要为自己活

人生，没有退休

美国没有退休年纪的限制，如果你热爱工作，可以做到九十岁或一百岁，没有人会干预。

我的有机化学教授是台湾来的，七十一岁。我们曾针对是否退休的问题对谈数次。他问我，退休是否老得更快？“也许，如果你没有精彩的退休生活，只是在家看电视，不只老得快，还会容易失智。这是我上‘老年学’得来的结论。”我说。

退而不休，或再发展第二个事业的人比比皆是。芙朗从小学老师退休后，又找到图书馆员工作，每周工作约二十小时。她乐此不疲。

我的一位美国朋友津，七十一岁。她退休后回大学就读，拿到大学学历，便和丈夫约翰到中南美洲教英文两年，然后，转往泰国教英文，已经三年了，还在持续中。津是乳癌患者，但乳癌从来没有绑住她的脚。她还是“和平制造者”免费夏令营（Peacemaker Summer Camp）的创始人。

王瑞民在银行优退后，一个人在家，觉得无聊，后来在艺术拍卖公司找到一个总务工作，意外开启了一扇学习艺术和认识艺术家的门。艺术拍卖公司每年春秋各拍卖一次，王瑞民的业务对象就是艺术家。艺术品的拍卖和包装送货……都是他从来没有接触过的领域。

作家兼国小教师的褚乃瑛退休后，也专门做以前不能做的事，例如到股票市场见习，天天打球，到郊外走走。“所有退休后做的事情，全部以玩的心态对待。”她说。“写诗，也花了一些时间。”

为闲暇时光设立目标

钟碧娟年资一到就申请退休，考虑的是健康因素。而如今，已经退休三年的她，依然贯彻每年设立一个退休主题。

她第一年的退休主题是身体保健年，也陪妈妈一年。“健康，才不会拖累别人。”这是钟碧娟自己的中心思想。钟碧娟一退休，立刻到加拿大参加“世界有机农场”（WWOOF，World Wide Opportunities on Organic Farms。官方网站：http：//www. wwoofinternational. org/），工作四十几天同时旅行。WWOOF 是一个国际性组织，有四十几个国家参与。上该官方网站后，在底下选择国家处按一个国家，然后在地球仪上有一个红点，接着按上头的国家网站，就可以读取该国所有参与 WWOOF 的有机农场。选择自己想去的国家旅行，顺便做义工、学习简单的有机生活方式也不错。那是交换食宿及学习有机农作，由农场主人提供免费食宿，每天不支薪工作四至六小时，其他时间可以旅行或做自己的事情。第一年去加拿大的经验十分美好，第二年钟碧娟转战日本的农场。退休的第一年也是妈妈生命的最后一年，钟碧娟到妈妈家陪了她一年，让妈妈走得平安。这件事也让钟碧娟感到安慰。

退休的第二年主题是宗教探索年。钟碧娟花了一年的时间在各种宗教之间游走，理解、寻找心灵的寄托，并参加“内观中心”的打坐，学习了佛教的“如实接受”及佛教的健康心理学，并了悟佛法是得到圆融智慧的方法。由此，她觉得佛教与自己的心灵比较靠近，因此选择了佛教作为自己退休后的身心灵依靠。

根据研究，有信仰的人，在老年阶段的生命会更扎实和健康，信仰也有助排除对于晚年生命的恐慌和对死亡即将来临的害怕。

很多人将老年阶段的重点放在身体的健康上，但身体、心理及心灵是结合成一体，密不可分的。心理上出了问题，身体也会生病，影响所及的是心灵的层次。

因此，老人到庙里参加活动，拜拜；到教会做礼拜，受洗成为教徒；或到佛寺礼佛念经，皈依佛祖。宗教在心灵部分的作用不小。

第三年的主题是夫妻感情增长年。

来自破碎家庭的钟碧娟在婚姻路上曾有三个转折。由于成长于破碎家庭，她刚开始打算“不结婚”；后来修改成“结婚不离婚”；之后，观念再度调整为“孩子高中毕业就可以离婚”。在三十年的婚姻中，钟碧娟发现自己一直都是“想去哪里，就去哪里”，丈夫从没干预过，这就是幸福。二〇一三年，丈夫受邀到缅甸义务教学，钟碧娟主动打电话向主办者询问，是否可自费随夫同行，进而毛遂自荐，也去义务教学。

“我每年给退休生活定一个主题，而主题就是目标，我朝着目标走，有个方向，挺实际的。”钟碧娟的做法如此，而她的先生郑文岚则迷上骑脚踏车环岛和登山，挑战自己的极限。有时候钟碧娟和丈夫一起骑脚踏车上太平山，有时候郑文岚的好友，兰地咖啡的主人庄文生也会陪同他骑车上山。多数时候郑文岚一个人骑上山，顺便拍偏远山区的学校照片。

黄春明，国宝级的作家，在八十岁时单飞到美国巡回演讲，当时我特地开两小时的车到亚特兰大听他演说。在他身上，我没有看到老。退不退休，完全看自己。

Part 3

钱事、健康事，最重要的事

BEYOND YOUNG:GET ALONG WITH
YOUR GOLDEN AGE

要存多少老本才足够

认为养老的第一件大事就是要有钱的人，多得不计其数。但我将钱排在第三位，因为若把前面的两个章节做好了，钱可大可小。美国有高达85%最老族的年收入是在四万美元（约合台币一百二十万元）以下，花钱多的老人，也可能觉得这个金额不足。

对金钱的不足感到害怕、没安全感和不安，是人类的通性。台湾在这部分尤其严重。

“虽然钱不是万能，但没钱万万不能。”尤其是要养老，没钱怎么养？二〇一三年六月，《今周刊》针对三十岁到四十九岁的青壮年做的养老金调查，结果如下：

一百万台币：0.7%

一百零一到三百万台币：1.6%

三百零一到五百万台币：6%

五百零一到一千万台币：20.2%

一千零一到两千万台币：31.4%

两千零一到三千万台币：17%

三千零一到五千万台币：9.8%

五千零一到一亿台币：5.4%

一亿台币以上：3.6%

不知道者：4.3%

一千万到三千万台币者总计有48.4%，若从五百万起跳到三千万，就将近七成人口了。这是青壮年的看法。

二〇一二年三月，《康健》杂志、东方线上，及东方快线共同在网络上针对三十到四十九岁的青壮年做了一份问卷，调查关于没有子女，一个人老后照顾和生活费用如下：

老后没有子女且生活已经不能自理，需要住进护理或长期照顾机构时，每个月至少需要准备多少费用才够？

五千台币以下：3.8%

五千零一到一万台币：17.3%

一万零一到三万台币：51.2%

三万零一到五万台币：20.8%

五万台币以上：6.8%

就这个部分，青壮年看轻了“不能自理”的意思，有严重低估费用之嫌。

说得具体一点，除非是存款很多，或有巨额不动产者，不然大概很难负荷长期照护的费用吧！

无子女，老后一个人每个月的生活费用需要多少才够？

五千台币以下：5.6%

五千零一到一万台币：38.8%

一万零一到三万台币：46%

三万零一到五万台币：7.3%

五万台币以上：2.3%

在生活费用上，至少，以我个人的认知，一万台币以下在台北是无法生存的。外县市是否可能低到那样的程度，也值得怀疑。单就水电煤气费、网络费和电话费，可能就超过五千台币了。三、四、五年级生多数人有自有房子，而青壮族有房子者比例有多少呢？若需要租赁房子居住，那么，房租呢？台北市的单人套房，“一万多元一个月起跳”，是基本的共识。连公办民营的台北市朱仑老人公寓（http：//www. cthyh. org. tw/longcare/jl/04. htm），二十多平方米的单人房每月住宿费也要价一万八千台币，伙食费另外计价，也得四千台币，这样合计下来，就至少两万二千台币，还不包括手机、牙膏、肥皂、卫生纸、零食、社交等费用。

究竟一个人老后需要多少钱才够生活？没人说得准。不过，基本开销是免不了的。但总不可能人都已经老了，还那么吝啬，对待自己太过苛刻吧！从这样的调查，没有子女的青壮族，将来一个人老后，将面临“照护不足”“无处居住”“孤立孤独”“经济贫困”四大困境。他们的老年将比三、四、五年级生还辛苦。

有劳保的人，月退和一次退，也不无小补。一个退休的朋友，每个月从劳保领到月退两万一千台币，对生活简单的她来说，已经很满足了。

返璞归真，钱变大

原来在台北经营生意的凡夫，出入有车，应酬多，生活开销根据他自己的说法是奢靡，消费额非常庞大，压力特大，健康也很糟糕。移居家乡东北角贡寮的马岗村后，他的生活费用骤然大幅下降不说，压力消失了，也愈来愈健康，现在他把医生抛到好远好远的地方去了。

马岗村是靠海的渔村，居民以捕鱼养鱼为业，每天看海看日出，吹海风不必花钱，开门就行，生活很简单。就像是西方人到海边度假，天天都是假期，怎么可能不健康？移居马岗村后，凡夫赫然发觉钱变大了，以前一千元台币在台北市，一下子就不见了，如今，一千元可以用一阵子。菜价便宜，吃鱼更省，菜贩和鱼贩都会载来家门口贩卖，买菜也方便，无车也行。

“有时候，村人会送自家种的菜来，连住在福隆的朋友，也会把菜放在我家门口。”移居马岗村后，凡夫重新体会到渔村的温馨人情，觉得以前在台北过的杀戮日子，简直是浪费生命。

“这儿到处都是海菜，可以采摘来煮，是健康又没有毒的海边蔬菜哦！这些野菜，也统统是免费的。”凡大指着到处长的野菜，说这个也能吃，那个也能吃。

既然退休后生活如此俭约，在渔村养老的凡夫不必花时间在赚钱上，他潜心捡漂流木雕刻成艺术品，还无师自通书法，每天过着优哉游哉、但很丰富的心灵退休生活。

退休金养老篇

投资，蛋可生鸡

符慧中以子女的名义买国外保险投资，每年固定缴一笔费用，连续缴十年，好为自己老年的收入做预备。“孩子们的年纪正是二三十岁，保险的价格比较便宜。用孩子的名义买保险，较划得来。缴付保险十年后，就能每年领取一定投资所得。我对孩子们说，我活着的时候，这些投资所得，归我领取，因为我是付钱的人；我死了后，这个投资就由他们继承。这是保障我的晚年，也有利孩子们老年的投资。”

美国的生命保险（Life insurance）等于是死亡保险（Death insurance）。除了支付保险人的死亡开支，包括殡仪馆费用，还给子女和家庭成员一些钱，既顾到保险人，也兼顾到家庭成员，是一兼两顾的做法。医疗保险（Medical insurance）则是支付医生、医院、救护车、处方药等。安妮塔也买这种保险，每个月她支付三百四十四美金。因此，当她动心脏手术时，联邦的医疗保险计划（Medicare）支付81%的住院费用，其他的19%费用就由这份私人保险承担。所以，安妮塔不必再因为手术而支付任何费用。

有一位台湾的作家朋友最近罹患卵巢癌，“幸而之前我买了一份生命保险，这次意外有卵巢癌，动手术时，那份保险承担了健保没有给付的部分。你要赶快趁六十岁前去买这种保险，保费比较便宜。六十岁以后，保费升高很多。”她如此对我晓以大义。

在美国，基金型的投资，最被退休人士所爱。原因在于基金型有很多种类可选择，如台湾的封闭型基金、开放型基金等。其次是，基金投资的范围很广，可能有三十到一百种以上的选择，这样可以分散风险，不至于把鸡蛋放在同一个篮子里。另外，基金有许多专业人员在负责投资事宜，比较可靠。

股票市场也受到一些老人青睐，但股票起起落落，上冲下洗，对老年人的心脏健康有时可能冲击太大，万一像台湾以前的股票市场连续十九天无限量崩盘，老人家受不了那样的打击，可能一命呜呼，划不来。心脏强，又喜欢股市生态，可以放手一搏；心脏不强，又爱买股票，宜选择绩优股，可信度较高。既可以分配现金，也可以分配股票，就像鸡生蛋，蛋生鸡一样。但绩优股体积庞大，不易炒作，不太可能像小型投机股那样任由股市炒手炒翻天，所以，不会大赚，但也不至于断头，搞到血本无归。

一句话，一定要记得，所有的投资，都有风险（Risk）。差别只是风险的大与小。投资之前，一定要问自己，能够承担的风险有多少，再做投资的决定。

若不愿意冒险，那么，银行、邮局的定期存款可以说是最安稳的储蓄方法，但现在是低利率的时代，要靠利率养老，恐怕会饿死。若银行存款利息是2%，通货膨胀是3%，代表现金购买力减少1%，其实也是风险。

如果个性保守的话，政府公债也可以做长期的考虑。政府公债的风险应该相当低，除非政府倒闭或破产。

无论如何，晚年的投资应以保守为宜，更应以自己为主。该不该给成年子女钱，该不该买房子给子女，可以深思，真有必要那么做吗？儿孙自有儿孙福，孩子已经成年，应该自己给自己开路去。

正视老年贫穷

根据研究，富裕可以让老年人活得更健康和快乐，也更长寿。相反地，贫穷是老人最严重的问题之一。贫穷、孤苦、老病，总是如影随形。

依据二〇〇一年美国社会安全基金针对领取社安基金的老人总收入所做研究，社安基金收入是39%，打工收入是24%，财产收入是16%，公务员退休金收入是9%，私人退休金收入是9%，其他的是3%。

美国社安基金法案于一九三五年成立。一九六五年总统签署法案。一九六六年通过。社安基金专门提供给退休、视障、母亲及她们的孩子财物支助。工作年数愈高，收入愈高者，缴的愈多，将来也受益更多，男人是最大的受益者。满六十二岁，可以提前领取社安基金，但六十五岁的法定年纪时领取到的是全额的福利。一九六〇年以后出生的人，则将延至六十七岁受益。

老年女性贫穷，多于男性

美国的人口统计指出，二〇〇〇年的美国六十五岁以上女性有更多比同年纪的男性贫穷，有12.2%的老年女人是贫穷的，但只有

7.5%的老年男人是贫穷的。而没有与亲人一起住的女人更高达20.8%是贫穷的。

贫穷的女人是男人的两倍，这样的数字，在我的“老年学”课程提到时，我着实吓了一大跳。

在二〇〇六年的一项保险公司的调查中，高达80%的美国女人说她们老年时将依靠社会安全基金养老。美国中年离婚的女人，在家里当家庭主妇一辈子，社会安全基金没有她们的份。因此，在四五十岁时回到职场，在超市打工、赚取时薪的大有人在，就是要为自己一个人的老后做好理财准备。相对于男人，离婚与否，冲击较小。因为他们的工作没有间断，每个月收入有一部分固定进入社会安全基金，有的进入401（K）退休金预备，都让他们靠得安心。

根据美国老年妇女联盟（The Older Women's League）的研究，女人一生中平均花了十一年半的时间在照顾孩子或老年父母上。既然要照顾孩子和老年父母，在工作时间上就不可能连续。谁知道父母何时会生病需要照顾？这使得女人在工作领域的退休延迟，而且收入也较低。女人从事的工作，五个人中有三个是贩卖、神职或零售的工作。服务业、兼职及偶尔的打工，收入都相对较低。女人的收入不只因此偏低，连退休金也比男人少。二〇〇三年美国劳动局指出，以第三季的收入来看，女人的所得只有男人的80%。

当婴儿潮世代踏入老年

美国人的父母与子女的财务是分开的。没有钱的老人，需向政府的社会福利单位申请补助，如低收入居住、免费食物券、免费健康医疗。

不过，柏克莱大学社会福利学院的教授史卡拉（Andrew Scharlach）预测，二〇二〇年时，美国社会三个人中将会有一个人在经济上必须支助他们的老年父母。

美国的退休老人中，有的不堪账单压迫，会回到就业市场打工。这些人里头，有的是穷得还不够彻底，或是名下有财产，不符政府补助资格；有的人纯粹喜欢工作，借此与人群接触。还有的人是为旅行费用而打工。我一个七十多岁的美国朋友每年都要与妻子到外国旅行几个月，他打工的收入就是他们夫妇逍遥的资金。

一般来说，传统时代（或称沉默世代，一九二七年到一九四五年）的美国人（约台湾的一、二、三年级生）因经历过二十世纪三十年代的经济大萧条，他们的个性比较节俭朴实、自我牺牲、懂得安排财务，自制能力高，如从年轻时，就以每个月收入的10%作为定期储蓄，绝不动摇到退休，到老年时，这些储蓄成为非常可观的数字。第二次世界大战时，小罗斯福总统的社会安全基金政策（Social Security），也让这批人退休后过得很安稳，再加上退休金，那么，正常下，一般的退休老人是没有金钱隐忧的。

而且，传统时代的人大致上有高中学历程度，是阅读人口。他们通过阅读来增加理财知识和健康保健，也懂得安排退休生活，所以，他们退休后的生活品质都比他们的上一代更好。

婴儿潮时代（一九四六年到一九六四年）的美国人（约台湾三、四、五年级生），是第二次世界大战结束后，在外国作战的老兵回家，让当时几乎所有有生育能力的美国女人所生下的孩子。婴儿潮以克林顿为代表，有大学学历的人很多。那是性解放和嬉皮及摇滚乐的年代，他们乐观、爱享受，花钱和赚钱是平行的。他们的想法总是明天会更好。婴儿潮的人现在开始进入退休，也开始改变退休老人给人的负面印象。

相对于婴儿潮，接棒的×时代（也称婴儿递减时代）（约台湾的五、六、七年级生），是自给自足的一代，以科技将婴儿潮抛开，暂且不谈。

虽然同样是婴儿潮时代，但因台湾地区和美国在经济、文化和教育上的落差很大，因此，我们的婴儿潮等同结合美国的传统时代和婴儿潮时代，甚至在某一部分还不如美国的传统时代。不过，我们也是台湾最幸运的一代，在贫穷但不算极度匮乏的农村长大，进入都会打拼（工业），经济能力水涨船高，是只要有努力，就会有成就的一代，而且成就通常都比父母还高。

我们同时也是自我牺牲、自制能力强、阅读人口多、节俭成性的一代，加上台湾的房价节节升高，即便我们没有多少养老金，迫不得已，至少我们还可以卖掉自己的房子来养老。

不过，二〇〇八年的全球经济危机改变了一些状况，让不少人的投资泡沫化，血本无归，甚至因此而负债累累。还有一些人来不及建立养老观念，只能跟着传统跑，把自己的储蓄或房子或自愿或被迫地提前让渡给子女，结果自己老来无所依靠。

八十三岁的刘先生说他还得辛苦地工作，因为妻子受伤，行为能力退化成三岁，需要外劳照顾，需要钱支付。他从年轻到现在工作了六十多年，虽然买了两栋房子，但两个儿子要老爸爸将其中的一栋房子卖掉，让兄弟均分，才愿意搬离爸爸的房子。

忠厚又传统观念浓厚的刘先生曾踌躇不前，最后逃不出传统观念的左右，觉得给儿子财产是义务，就卖掉了那栋保命的房子。

像刘先生这样，体力、脑力及健康情况都很好，继续工作其实对他的生命好处多于坏处，唯一遗憾的是，他不能亲自照顾妻子。

给怕老的你

苹果电脑前总裁乔布斯（Steven Jobs）生前在为斯坦福大学的毕业典礼演讲上，谈到他罹患胰脏癌手术成功时说："想进天堂的人，也希望是活着进天堂。"怕老，怕死，怕病，怕痛，都是人的自然反应。根据美国的研究，年长女人比年长男人更怕死。

随着老年人口的增加，二〇〇六年四月，台湾第一个为老年人成立的"高龄医学整合性门诊"在台北荣总诞生。

从此，老年人挂一个号，支付一次挂号费，就可以跨科去看相关科的医生，包括老年医学专科医师、复健科医师、临床医师、临床营养师、社工师、护理人员、精神科医师、个案管理师等。这样一来，老人生病上医院不必一一挂号，更不必在医院里东奔西跑、迷路、焦虑，或为了拿一堆可能重复的药物，而疲于奔命。

老年患者在"高龄医学整合性门诊"就医后，还联结到门诊追踪，及引入欧洲盛行的中期照护概念，包括身体复健及营养调整和心智功能的恢复、长期照护及安宁照护等。这个售后服务颇以"客户"（患者）的需求为导向，算是台湾最领袖群伦的爱老人、关心老人的医院，也是老年医学的先驱，让荣总成为该领域的革命先锋，呈现双赢的局面。

老年人口的增加，也改变老年医学的地位。老年医学成为显学，其他大型医院跟进，也就不足为奇。相反地，过去是显学的妇产科和小儿科将因出生率降低而萎缩。妇产科医生和小儿科医生将来失业，也不无可能。

同年六月，“高龄医学病房”也在这个高龄医学中心成立了。

二〇一〇年七月十日，台北荣总高龄医学中心主任陈亮恭在《中国时报》发表了“写给怕老族的信”，值得一起来阅读。

给怕老的你：

台湾人口老化速度世界第一，二〇二五年六十五岁以上人口，将超过20%。当社会五分之一都是老人，会是什么模样？你，准备迎接老化了吗？临床上，我接触最多的是五十岁以上的人，包括你在内，可能再过十来年将进入六十五岁门槛，或许，你并不觉得自己老，但这就是“定义上”的老人。

在进入老年之前，你是否曾好好想过：要如何老去？是天天奔波在医院，躺在养护机构由专人照料，还是尽情享受退休生活，到处游山玩水？

根据研究，人在死亡前，一生中无法自理生活、需仰赖他人照顾的时间，平均长达七年多。试想一下，整整七年，你可能无法自己走路、自己上厕所或自己吃饭，生活大小事都要靠人帮忙，不只自己过得辛苦，照顾你的家人也是身心俱疲。

门诊中，我常看到很多罹患慢性病的长辈，很多人认为这“很正常”，反正人老了，功能样样都退化。我要告诉你：这个观念是错的！我们不要“快速老化”，而是要“成功老化”！简单地说，一个老人健不健康，不是看他得什么病，或是医院的检验数值，最关键的指标是身心功能状况，人老了还活得健康、有活力，生活有品质，身份证上的出生年月日只是一个数字而已。

我总是提醒周遭的朋友，及早“储存老本”，过了五十岁更需要警惕自己。医生工作很忙，我储存老本的方法就是，把运动“并入”日常生活，多走路、多爬楼梯，做好饮食控制，不摄取含糖饮料。

如果你不想年老之后，天天看病吃药，第一要务就是，养成固定的运动习惯，及早巩固“骨本”与“肉本”，因为走路变慢、走路不稳，多半和肌肉退化有关，练习能锻炼肌力的低阻抗运动，例如举轻一点的哑铃，适度地伸展，来保持良好的身体机能，避免骨松症与肌少症（sarcopenia）也就是避免骨质流失与骨骼肌的萎缩与退化。第二，是维持良好的心智功能，避免忧郁、失智，平日多做一些脑力活动，学习新的事物，活泼使用大脑，积极参与各种社交活动，不要将自己局限于一成不变的生活模式，这都是活力老化的要件。

未来的五到十年间，整个医疗照护、长照、银发产业，都会因老年化有很大的改变。你会发现，往后的医师并不只是看病与开药，而是想尽办法来维持你的身心功能，改善你的生活品质，台湾将发展出一个无缝（seamless）接轨的照护体系，不同健康状况的人，都有适切的健康照护服务。

要认老，不跟自己过不去

定期做健康检查没

最近政府终于注意到了医疗预防的重要，也开始努力宣传。预防得好，老年生病的概率就降低，政府的财政支出也减少，健保亏损亦将趋缓。

和朋友见了面，我常问他们，做健康检查没有？有人不置可否，因为从来没生病过。而我例行做健康检查，是因为二〇〇六年我在宜兰社大教学，有一天在回台北的火车上，接到我的电影同学颜彩雪的电话，说有重要事情必须当面对我说。

原来她长年在媒体工作，主跑新闻，每天忙碌不堪，压力又很大，很少喝水，也几乎都外食，却在一次检查时，晴天霹雳地得知自己是大肠癌末期患者。

接着，她开始一连串的化疗和手术，进出医院变成她的家常便饭。她对我说："我要送你一份一辈子的礼物，管制好进出口，也就是注意你吃进什么，和排出什么。别像我这样，整个人都被工作绑架了。"

颜彩雪还建议我要和家医科的医生保持良好关系，因为从家医科再延伸到其他科别做检查最容易。

我就是从那时开始做健康检查的。除了政府近年推行的癌症筛检（乳房摄影、子宫颈抹片、粪便潜血、口腔检查）外，我还应该做什么健康检查，常叫我疑惑。

有一次，要回台湾前，我问了一个和我年纪相仿的美国朋友："在美国，五十岁的人该做什么检查?"

那位朋友对我说，美国人五十岁以上，非做大肠镜检查不可。若有大肠息肉，要立刻切除，要不，有可能变成大肠癌。

听到那样的解说，我明了了。于是那年回台湾时，我主动向医生提及要做大肠镜检查，医生却说："不必啦!"我还是坚持非检查不可。

大肠镜的检查过程很麻烦，检查前三天除了要控制饮食，吃短纤维的食物外，前一个晚上还得喝泻药，跑一整晚洗手间。第二天到医院前，还得使用肛门塞剂，以便将粪便清除得更彻底。

检查的结果是，我有息肉。医生当场为我割除了。

最近几年，政府开始重视大肠癌的预防，公布了台湾五十岁以上的人中，每两个人就有一个人有息肉。

想当年，如果没有主动做检查，我得大肠癌的概率便增加很多。

后来我问年纪接近的台湾朋友和家人，他们做大肠镜检查了没?得到的答案几乎是零。我提醒他们要检查，可是大肠镜检查不舒服，让他们却步。一个做过大肠镜检查的朋友甚至因为在医生说不必麻醉下而痛苦万分，从此怕得不敢再做检查。

而我，宁可每两年做大肠镜检查，持续追踪。我宁可自费三千元麻醉，以确保和大肠癌保持距离。

此外，腹部超声波检查、验血、验尿、颈动脉超声波、乳房 X 光、血压、血糖、胆固醇、眼睛、骨质疏松、牙齿、视力等，都是我非常关注的检查范围。

有一位长我几岁的朋友最近腹部鼓胀，动了一个手术，竟意外发现罹患第一期的卵巢癌。她奉劝我，赶紧到医院做盆腔检查，以确定卵巢的健康。我上网查了相关资讯，随即挂了妇产科门诊。不过，医生却告诉我没有必要做骨盆腔检查，还说卵巢癌检查不出来，这和大肠镜检查是完全不同的。

花些时间，为自己理出一张健康检查的清单，再去做检查，确定自己的健康情况。这是为自己的健康负责。

你配老花眼眼镜了吗

我在美国读书，从英文班读到成人高中，再升上大学，需要大量的阅读。在阅读和考试时，老花眼给我很大的困扰。考卷拿起来，常常得贴着桌面，还不一定可以舒适地作答。

几十年来，虽然我的近视度数高达六百度，但我一直都喜欢裸眼阅读，以致没有察觉自己需要佩戴老花眼镜。结果，我在上课和考试时，徒增很多的困扰，却仍然不自知。

最近，我终于配了老花眼镜，发觉书的字体变大了，颜色也变深了，阅读起来舒服许多。不只这样，我还佩戴电脑专用、抗蓝光的老花眼镜。现在，就算长时间写书，眼睛也比以前舒服。

过去，我为太阳的阳光，佩戴了防紫外线的太阳眼镜。但我不知道电脑的蓝光很强，伤害眼睛很大，甚至会导致白内障的产生。

老花眼镜已经比以前的蠢蠢模样进步很多，可以佩戴多焦眼镜或双焦眼镜，将近视、电脑、老花眼的度数结合在一副眼镜上，而且那条分界近视和老花眼难看的线已经被淘汰掉了。

一旦有老花眼，近视度数会降低，老花眼的度数则会随着年龄的增加而增高，因此，每隔一两年就到眼科诊所检查眼睛是有必要的。眼睛度数改变，眼镜也得随之而改，不然，就像穿着不合脚的鞋子，可能会皮破血流。

据说，到餐厅点招牌菜的人，很大一部分是有老花眼的人，因为看不清楚菜单的字，为了减少麻烦，索性招牌菜点到底。还有人用猜的，或者对服务生说："说给我听，你们餐厅有什么菜?"

还有人拨打手机时，看不清电话号码和手机上的数字，发短信亦同。

老花眼增加不少生活的困难度。有的人因为老花眼，只读报纸的大标题；还有人因为老花眼，阅读吃力，干脆连书都不读了。

不读书，怎么行?那不但老得更快，更孤僻，更无知，更无趣，也更容易被时代淘汰。我的美国朋友们，不论是七十、八十或九十岁，都还天天阅读，这让他们的老年生命益加灿烂。我的邻居林春朝先生到了一百岁，也还是天天阅读。

阅读丰富生命，也开阔人生，实在太重要了，我无法想象，若是没有阅读，该如何活得优雅。没有阅读，不阅读，是虐待自己，也是处罚自己。只因为老花眼，就牺牲了阅读，太不值得了吧!

如果你还没有佩戴老花眼镜，不妨到眼科医生那儿检查，再依医生处方佩戴适当的眼镜。你会发觉，老花眼镜让你的生命色彩缤纷。

老年抑郁不可忽略

老年的疾病分成两种。一种是身体上的，一种是精神上的，也就是心理引起的问题。老年精神疾病以忧郁症为首，其次是老年失智症。

忧郁症来敲门

每个人一生中或多或少都有伤心和忧郁的时候。但如果一个人持续性地忧伤和忧郁，并干扰到日常生活，就表示生病了，可能罹患了忧郁症。忧郁症就像心脏病或糖尿病一样需要治疗，要用药物控制，而且治愈率高达80%以上。忧郁症不会随着年纪增加而增加，如有些儿童因为考试和学习过重而有忧郁症；有些青少年会为了爱情的烦恼，得忧郁症。不过，老人忧郁症却是居各年龄层的第一名。

忧郁症经过精神科医师处理，就会改善。但如果放着不理，忧郁症会如影随形，一年又一年，而且可能引起其他症状发生。

老年人很难描述自己的感觉，因此，老年人的忧郁症不容易被发现。一般人只觉得老人爱抱怨、啰唆，但也许老人真的生病了。

高雄市社区心理卫生中心与董氏基金会联合公布了一项调查显

示，根据高雄医学院与成大医学院精神科曾对台湾地区一千五百名六十五岁以上的老人做的社区调查中发现，老人忧郁症患者竟高达21.1%。

台湾的忧郁症老人会愈来愈多吗？不必怀疑，答案是肯定的，理由如下：

一、台湾人平均寿命增加，老年人口急速增长，老年忧郁症患者增加比例自然像大楼一样，愈来愈高。

二、环境变迁快速，年纪愈大的人，适应新时代变化速度的能力愈低，承受不住太大的压力。

三、慢性疾病随年纪与时代剧增，由身体疾病引发的心理忧郁人数随之增加。

四、过度使用药物也是造成忧郁症患者增加的主要原因，如某些抗精神病药及降血压药。

五、精神科医师的人力及专业训练有效增加，诊断能力、工具也跟着有效加强，因此，正确诊断出忧郁症的病人也增加。

老人忧郁症盛行率为各年龄之冠，但就诊率不到十分之一。

另据董氏基金会、罗东圣母医院、台湾忧郁症防治协会与台湾老年精神医学会于二〇一三年一月联合公布，根据WHO在二〇一二年公布的数据推估，忧郁症的盛行率为5%。以此换算，全球将有三亿五千万人罹患忧郁症，台湾则有近一百一十五万人。

季节交替是忧郁症好发的时机。农历年全家团聚时，必须特别关心有忧郁情绪的人，特别是老年人。老年人在家的时间最多，与青少年或上班族相比，能见度较低，被忽视感、孤独感很可能会特别加重。董氏基金会也提醒，除了关心家中长者身体上的健康外，也要注意是否出现忧郁症的警讯，并呼吁台湾老人忧郁医护品质要再升级！

罗东圣母医院陈永兴院长本身也是精神科医师，他提醒，老人忧郁症是渐进式的。他以自己母亲的例子说明，他的母亲初期出现身体上的不适症状，如肠胃不适，并开始焦虑不安、睡不好、记忆力变差，初期本以为是一般老化现象；但他的母亲一直持续抱怨，甚至向陈永兴说，有不想活下去的念头。陈永兴警觉不对劲，带妈妈到精神科就医，诊断为忧郁症，经治疗后已改善。

老人忧郁，常被忽略

陈永兴强调，忧郁症老年患者外显的忧郁情绪不常见，很容易被家属误以为是“老化”而忽略！根据罗东圣母医院统计近三年老人因忧郁症就诊的比例，约只占全体的1.3%，不到盛行率的十分之一。可见多数老人正饱受忧郁困扰却未积极获得适当的照护。其中，以老年性的隐形忧郁症状最为严重。

依忧郁症盛行率推估，老人忧郁症的男女比例应该各占一半。但根据罗东圣母医院老人忧郁就诊资料显示，就诊的男性长者只占相关就诊人数的23%，这意味着老男人常用掩饰的方式去忽略，导致忧郁症程度更为严重！

台湾老年精神医学会黄宗正常务理事指出，一般人常见的忧郁症状大多为情绪低落、沮丧、动作缓慢，甚至有自杀的念头。台湾人口老化严重，六十五岁以上人口已超过11%，达两百六十万人。用研究上最保守的老年忧郁症盛行率约12%来估计，台湾至少有三十一万名长者深受忧郁症困扰。

老年人的忧郁症特点是以身体化来表现，如“疲惫、记性衰退、身体不适”是老人忧郁症的三大警讯。身体化表现常被误认为内外科的疾病或是老化现象，但其实是脑部回路受损而引发忧郁症。所以，当家中长辈动不动就喊累，或者经常抱怨这里痛、那里痛，很多事情都记不得，看这个不顺眼、看那个也不顺眼时，就要注意是不是罹患了老人忧郁症。要主动询问老年人的心情为何，引导老年人说出内心的话，情况严重时，要寻求专业医师的协助，搭配药物进行治疗。

老人忧郁，不只患者受困扰，照护者也会受到影响。罗东圣母医院翁静宜护理师以长期照护忧郁长者的经验指出：“照护者往往身兼数职，又长期肩负老年患者的生理与医疗照顾重担，所产生的身心负荷，若没有调适好，很容易出现疲惫、哭泣等忧郁情绪。”照顾者对忧郁症一无所知，长期照顾病人而使健康和情绪受损，又因不知该如何帮助患者而感到害怕，甚至出现轻微的忧郁倾向，出现“只要讲到忧郁患者的照护过程，就感到身心极度疲惫，而莫名地哭泣”等现象。翁静宜提醒照顾者需多加认识忧郁症，勿将患者情绪内化在自身上，要适时抒解及善用资源。

老年忧郁症的警讯有：

一、全身喊痛却查无病因。

二、疲惫、记性衰退、身体不适是老人忧郁症的三大警讯。

三、重大节日、季节交替之时是忧郁症好发的时机 。

四、一个人老后，容易有孤单、孤独的感觉。

老人忧郁症对患者本身、家庭及社会都是很沉重的负担。通过“老人忧郁照护分级”原则（见下页），帮助忧郁长者选择适当的照护所在，才能真正解决患者的问题与家属的负担。

老人忧郁症量表（GDS）

评量项目	是	否
01. 你基本上对自己的生活感到满意吗？	□	○
02. 你是否已放弃了很多以往的活动和嗜好？	○	□
03. 你是否觉得生活空虚？	○	□
04. 你是否常常感到烦闷？	○	□
05. 你是否常常感到心情愉快呢？	□	○
06. 你是否害怕将会有不好的事情发生在你身上呢？	○	□
07. 你是否大部分时间感到快乐呢？	□	○
08. 你是否常常感到无助？（即没有人能帮自己）	○	□
09. 你是否宁愿晚上留在家，而不爱出外做些有新意的事情？（譬如：和家人到一间新开张的餐厅吃晚饭）	○	□
10. 你是否觉得你比大多数人记忆力差些呢？	○	□
11. 你认为现在活着是一件好事吗？	□	○
12. 你是否觉得自己现在一无是处呢？	○	□
13. 你是否感到精力充足？	□	○
14. 你是否觉得自己的处境无望？	○	□
15. 你觉得大部分人的境况比自己好吗？	○	□

未经精神科医师或心理咨询师处理的老人忧郁症，可能会有以下的后遗症：

一、变成残障的可能。

二、恶化成其他疾病。

三、提早死亡。

四、自杀。

老人自杀

台湾近十年来，六十五岁以上人口自杀死亡率，在各年龄层中占最高。

根据研究，六十五岁以上的老年人自杀死亡中，自杀前曾有就医行为。其中有高达89.2%在自杀死亡前一个月内，曾到医院或诊所就诊。

老年人自杀前就诊的科别以内科为主（56.1%），其次为家医科（27.3%）及不分科（19.4%）。

老年人自杀的警讯：

焦虑不安、无助、绝望。

六十五岁以上自杀死亡的老年人，生前合并有重大伤病诊断之比例高达75%。

老年人自杀的原因：

一、身体健康的退化。

二、疾病的病痛。

三、家人间情感因素，占19.9%。

四、失偶。

根据研究，台湾未婚、离婚或丧偶的老年人自杀比例，高于自然死亡或意外死亡的老年人。

家庭对老年人的意义比年轻人高。家人是支持老年人继续活下去的动机。少了家人的支持和鼓励，老年人觉得孤单与孤独，偏偏台湾老人不懂得安排自己的社交生活和培养个人的兴趣，阅读率也太低，致使重心不稳。

台湾老年人自杀方法，以上吊为首，有高达49.6%的老年人选择以此结束生命。第二是喝农药自杀，平均占19.5%（二〇〇二年到二〇〇八年）。老年人口比例高的县市，有30%的人以喝农药自杀。而这些县市，应该是农业县市，年轻人口外移严重，老人孤单无助，铤而走险地结束自己的生命。

心情温度计是一种简式健康量表。以简单的五题问答，帮助了解老年人情绪困扰的程度。总分在六分以上，即当寻求协助。

心情温度计检测出老年人有忧郁、焦虑、睡眠困扰倾向，应马上寻找专业协助，如精神科医师、心理咨询师等。

相较于台湾人的自杀，生病、寂寞、被抛弃，或经济危机，都是造成美国老人自杀的原因。自杀的方式以枪支为首。自杀的老人中，又以白人男人最多。而且他们自杀的成功率很高，关键在于他们用的是枪支，一开枪，就没有任何转圜空间，如《老人与海》的作者海明威就是著名的例子。海明威的人生虽然一如他的作品般多彩多姿，但他当时罹患了七八种疾病，又以慢性病为多，包括忧郁症和躁郁症。

自杀防治守门3T诀窍

一、To Ask——主动关怀与倾听。

二、To Response——适当回应与支持陪伴。

三、To Refer——资源转介与持续关怀。

老人自杀是可以避免的。交朋友、阅读、旅行、宗教、运动……或正向思考，都能找到生命意义，或到医院做义工，都是避免自杀的良方。

你怕生病没人照顾吗

怕生病，怕生病时没人照顾，是很普遍的心理。

二〇一二年三月，《康健》杂志、东方线上，及东方快线共同在网络上针对三十到四十九岁的青壮年做过一项问卷调查，结果如下：

> 是否担心老后生病需要人照顾时，却没有人照顾？没有子女的人，高达75.5%的人会担心，有子女者也有65.5%的人会担心。

我问安妮塔，她生病需要人照顾时，可曾担心过？她很肯定地说，不会。“我的孩子会照顾我，若有必要，我也可以付钱请专业的人照顾我。”

两年前，安妮塔进行了一个长达六小时的心脏大手术，她自己出钱，聘请了一个白天的看护，晚上则由二儿子照顾，时间长达一个月。

珍说，她罹患第四期乳癌，在做一些化疗和手术时，是她的孩子及伴侣照顾她。

一个美国朋友更说，他从来没担心过。“只要我的手可以拿得到手机，打给911，救护车就会把我接走，政府也会派专人照顾我。万一我已经病入膏肓，都动弹不得了，更不必担心。人都要死了，还担心什么?”

他的乐观，是不是给了我们当头棒喝?担心无济于事，担心也不能解决问题，何必让担心困扰我们呢?

老后没有子女也没有能力照顾自己的时候，会申请居家照护的有47.6%，会住到护理之家或长期照顾机构的有44.1%，会请外籍看护的只有5.9%。

青壮年们在一个人老后的照顾上，无论是申请居家照护(47.6%)、住到护理之家或长期照顾机构（44.1%)，及请外籍看护（5.9%)，观念比起传统时代的人来，更进步也更务实。这是长足的进步。

目前台湾由北到南，从都会到乡下，都可以看到外籍看护们在照顾没有自理能力的老人。有趣的是，这三者之间，究竟何者为优?何者为劣?在费用上，差别何在?究竟有多少人能负担得起呢?

还有，可以安乐死吗?如果我有选择权，与其选择以上三者，我宁可安乐死。安乐死既可让我解脱，又不浪费医疗资源，还省钱，呈现三赢的局面。

老后没有子女，会想住在家里的有48.8%，和朋友住附近或一起住的有21.7%，老人住宅/银发住宅的有20.2%，没有想过的有5.6%，和亲戚一起住的有3.6%。

老后没有子女且生病需要长期照顾时，有家人或亲友可以依靠或帮忙的有41.5%，没有的17.5%，不知道的有41%，后两者总计共占了58.5%。

这部分我质疑的是，久病床前无孝子，家人成员或亲友能做到多少呢？这是一个人人都忙碌的时代，长期照顾是很需要专业，又要长期抗战的工作，有几人能为？

老后没有子女且生病需要长期照顾时，可以依靠或帮助的，兄弟姐妹有62.6%，其他（含父母及亲友）有37.4%。

这个部分我也很质疑，如果我老了，我的手足应该也老了。他们可能自身难保，怎么还能照顾或帮助我？我的父母比我还老（我的爸爸甚至已经走了），照顾我的概率太低了。

无子女，目前经常往来的直系、旁系血亲及亲戚有一到三位的占50.6%，四到六位的占31.5%，七到九位的占8.8%，十位以上的占9.6%。

很明显的是，现代人的人际关系比较疏离。结论也与前几项的调查相同，受访者的期望与实际状况互相冲突。

无子女，目前经常往来的朋友有一到五位的占68.2%，六到十位的占23.7%，十一到十五位的占4.3%。

担心老后发生意外时，没有人可以在一小时内赶到帮助的，高达74.7%。

发生意外时，打电话叫救护车就可以解决，但为什么仍有高达75%的人会担心无人可在一小时内赶到帮助？

二〇一一年一月十四日，我从就读的大学图书馆走出来，下阶梯时没注意到前夜下雪已结成冰，因而连摔了八级阶梯，当下几乎痛昏过去。

校警立刻打电话给911，救护车前来为我做紧急处理后，立刻将我送到医院的急诊室。医生们开始为我做必要的检查，护士也来照顾。

意外的发生，表示是无可预期或控制，才叫意外。因此，担心是多余的。这也表示，我们的文化太缺乏安全感，政府应该在施政上加强完善规划，提高人民的安全感。

担心老后临时需要紧急手术时，没有人可以帮忙签署同意书的有56.3%。

当我在美国意外摔伤，被救护车紧急送到医院的急诊室时，医院人员拿着一大堆书面资料到病床给我签署，并未要求我的家人或朋友来为我签署。

同样地，当安妮塔到医院动心脏手术时，医院要她自己签署手术同意书，以及给保险公司的书面通知。台湾的医院和政府机构在做很多事情时，都舍当事人自己，而要其他人签署或作保，让事情更复杂，更难处理，造成一般人更多的困境。

为什么医院不让病人签署紧急手术同意书呢？为什么要舍近求远呢？我问安妮塔，如果病人病况严重，呈现昏迷或失去意识时，谁签署紧急手术同意书呢？她说医院会将其注明，先紧急处理，该手术就手术。

而且，医院不能拒绝没有钱的人就医或紧急手术。拒绝给予病人治疗在美国是违法的。

有位不常往来的亲戚突然生病，接到医院通知需要帮忙签署手术同意书时，一定会签的人只有17.5%。

签署文件是要负法律责任的，为别人签署手术同意书就是不合理的做法。这种做法就像台湾早期要分期付款购买电器用品，或向银行申请贷款，需要保证人作保。结果当事人没有承担其责任的话，为人做担保的人最后可能搞得家破人亡，得连夜举家逃走，如台语歌后江蕙的爸爸当年就是为朋友作保，对方逃走，江蕙一家人也只得半夜逃离高雄的家，到台北躲藏。

不合理的做法或制度，应该随时代的变迁而调整或舍弃。我们总不能为那样的愚笨制度而天天担心吧！

你坦然接受被照顾吗？

独立惯了，万一需要人家照顾时，可能要经过一番挣扎。

女性的生命中，很多时刻都在扮演着照顾者的角色，“自己”反而被忽略了。学习被照顾，也是一个课程。

安妮塔动了心脏手术时，她有两个照顾她的人，一个是她自费聘请的白天看护，负责照应她白天的所需；小儿子下班后来接班照顾妈妈到天亮。小儿子的角色，除了做晚餐并和妈妈一起吃晚餐，还要帮妈妈洗澡，为妈妈采买食物和必需品，及处理账单和银行事务等。

“儿子帮我洗澡时，我坐在浴缸里，他从头帮我洗起。洗完全身后，剩下女人最隐私的地方，他说：‘妈妈，这部分让给你自己做。’”我问安妮塔，她被儿子洗澡，可曾有抗拒或觉得不妥？

“不会。儿子出生后，我帮他洗澡，到他自己能洗澡为止。我生病时，自己无法洗澡，换儿子帮我洗澡。这是顺理成章的事情，没有什么好害臊或不安的。”安妮塔说。

照顾，不必然是女性天职。

安妮塔有两个儿子，两个媳妇，没有女儿。大儿子六十六岁，小儿子六十三岁。害羞内向的大儿子，不会为妈妈做传统属于女人的工作，若有需要，他会喊太太贝蒂代替他执行。贝蒂下班后，会帮安妮塔打扫家里。小儿子会贴身为妈妈服务，小媳妇偶尔会做点食物送过来，但不会参与照顾者的工作。安妮塔说，每个人的个性和专长都不同，每个人都做自己最拿手的事情，那就够了。

传统台湾人下意识会觉得照顾生病的婆婆妈妈是媳妇或女儿的工作。安妮塔没有这种想法。她只是认为以前照顾孩子，现在自己不行时，换孩子照顾他，那是自然而然的事情。

当我妈妈住院需要被照顾时，她抗拒挣扎。她也坚持女儿和媳妇应该是来照顾她的人选，不管女儿、媳妇白天是否工作。她看不下去儿子白天工作后还要照顾她一整个夜晚，妈妈对儿子的私心，使得自己生病需要照顾时，还被传统观念蒙蔽，认为儿子只要来探视一下就行。

女人必须挣脱传统给予的束缚。女人不一定就是适合的照顾者，男人也许照顾得比女人还出色。

有一天，当自己倒下来，需要别人照顾时，女人要告诉自己：“我没有选择，我只有感恩。不论是谁来照顾我，我都欢喜接受。”这样，会痊愈得比较快。

长期照顾知多少

长期照护是非常艰辛的拔河工作，人力和钱，都是问题。自己照顾，缺乏专业技能又耗损照顾者，长期照护下来，容易崩溃。台湾面临照顾人力的严重不足，可能与收入所得偏低有关。美国长期照护系统的人员流失快速，连养老院也如此。外国移民或黑人女性担任大部分长期照护的工作，原因是工作繁重，收入偏低。

由奥地利、法国、德国联合出品的电影“Amour”（中文片名“爱慕”）是二〇一三年奥斯卡奖的最佳外语电影。那是一对非常优雅的老年音乐家夫妇的故事。丈夫照顾失智的太太，帮太太洗澡、更衣、喂食……在不堪体力和精神双重折磨下，还聘请专人到家里来协助照顾，但看到看护不尊重或忽视、虐待其妻时，就炒了看护的鱿鱼。照顾的责任，又回到疲惫的丈夫身上。到后来，自己也没有能力继续照顾了。影片的最后，他用枕头压住了太太的口鼻，旋即自杀。

看这部电影时，我的心情非常的沉重。照顾婴儿和照顾老人，南辕北辙。一个喜悦，一个叹息；一个希望，一个绝望；一个是长大，一个是衰竭。长期照护有如黑暗的长廊，看不见尽头。

“长照”政策的制定

长期照护在台湾的简称是“长照”。长期照护是美国目前最不得力的一环，每个月的价钱从五万美金以上起跳。

一九九三年，美国有一千三百万的老人、个人以及残障者需要长期照护。而其中的60%是六十岁以上的老人，也就是有七百八十万老人需要长期照护。而其中有一百六十万老人真正需要住在护理之家或相关机构，因为多数是八十岁以上的老人。他们才是最需要长期照护的一群。

为什么需要公家来规划长期照护？首先，这是一个大家都忙碌的时代，每个人都得为生存戮力以赴，无暇照顾需要长期照护的家人；其次，长期照护很昂贵，没有几个人付得起那样的费用。再说，长期照护是很专业的工作，需要专业技术才能做好那些工作。

目前台湾民间若有家人需要长期照护，大致上是以聘请外劳的方式解决。但，有多少家庭付得起聘请外劳的费用？

我的朋友中家里有两个老人都需要长期照护的，就有几个。他们聘请两名外劳到家里来，各照顾一个躺在床上的家人。

可是，这些担任长期照护工作的外劳，就不累吗？怎么有人能够连续、而且照顾需要长期照护的病人二十四小时，而无人接班？或因为她们都年轻体壮，所以，能长期承受这样的工作？照顾者是否也需要被照顾呢？

美国的私人保险公司有长期照顾保险，范围涵盖护理之家。通常需要长期照护者，都在八十岁以上。因此，那些预测自己将会需要长期照护者，在六十岁时，可以开始买长期照护保险。

美国长期照护的支付方式有三种，医疗补助保险计划（公家）、私人保险公司、自掏腰包。有些有医疗保险计划（Medicare）的人用短期照护进入护理之家，钱烧光时，则转入医疗补助保险计划（Medicaid），以继续接受免费的长期照护。

当民间在财力和人力上都无法负担长期照护时，毫无疑问地，这个领域必定属于公共范围，是政府必须要筹划的艰辛工作。

Part 4

维持健康的要素

BEYOND YOUNG:GET ALONG WITH
YOUR GOLDEN AGE

饮食和运动，健康的基础

均衡与安全的饮食

人要健康，因素很多，饮食和运动，占了最大部分。其他的是保持乐观和正向思考，增强社交能力，养成良好的生活习惯等；也要有好的环境工作和生活，包括新鲜的空气、干净的水质、充沛的阳光。

根据美国调查，老人在饮食方面比年轻人还健康。年轻人外食多，常随便吃；而老人对蔬菜和水果的摄取，维持一天五种以上，甚至是七种到十种之间的量。

随着年纪增长，老人吃的蔬菜水果也更多。不过，老人需要的蛋白质，其实比年轻时的量还高。因此，肉类等蛋白质来源，还是不可少。如果是素食者，就得增加豆类，以维持身体对蛋白质的需求。

当有毒食物的新闻层出不穷时，台湾各地的人都忧心忡忡，怕自己和家人平时吃了太多有毒的食物而不自知。尤其是那些“老外”，天天三餐和消夜都是在外面吃的，更加不安。

婴儿潮时代的台湾人饮食方便，应该比上一代的人还健康。且因为教育普及的关系，知道哪些食物是不健康的，哪些烹饪方式会破坏食物。我的父母虽然长期吃自己种的有机蔬菜和水果，但他们也如传统的台湾人一样，太过勤劳，会腌制食物，而且早餐桌上，非有腌制食物不能入口。

腌制食物和癌症画上等号。大火煎炸，易得肺癌。要吃得健康，在下箸前，得思考一下。即便有毒食物的新闻在电视上不断地重播，到夜市走逛时，仍看到人山人海涌入夜市，几乎每一家饮食店的生意都很好。人们或坐或站或带走，毫不犹豫。一个移民美国几十年的台湾朋友忧心地表示，她回台湾时，总是不敢到夜市吃东西。“是很吸引人，但我得克制。卫生考量第一；其次，食物来源也许有问题。”

你天天运动吗？

根据研究，台湾老年人有50%运动量不足。不足的原因来自没有养成运动习惯，以及台湾普遍缺乏地方上的运动场所。

公园、学校、植物园……只要有空地，台湾到处都有人早起做运动。早上，这些场合是中老年人的天下，太极拳、外丹功、坐禅、气功、跑步、走路；晚上，是下班或放学的年轻人的天下，可以跑步或骑脚踏车。

我住的梅岗城，才十万人口，公园多到不可胜数。走几步，转个弯，就有公园。单就我住家附近，有十来个公园。

但美国人没有在公园运动的习惯和文化，公园没有门，但有些公园规定，晚上十二点后到早上六点前，不得进入。

美国人的运动也和台湾人不同。走路、慢跑，是在街上或操场进行的，犹如骑脚踏车一样；其他的有氧运动或无氧运动，则习惯在健身房或自己的家完成。

人的运动与年纪相关。年纪愈小者愈爱动，所以，小朋友的运动量最高；年纪愈大者，愈不爱运动。智能手机问世后，爱运动的人，变成低头族；不爱运动的老年人，仍然坐着看电视。

运动的好处很多，除可以预防心脏疾病、癌症、中风、第二型糖尿病之外，还可以减缓骨质疏松、关节炎、忧郁症，并让睡眠品质更好，提高记忆力。当然，也使人更年轻。

一个人老后，要提醒自己，每天都要做运动。不论是什么样的运动，每天三十分钟到一小时，轻而易举，可以在家里做，也可以到外面做。如果觉得做运动很无聊，可以听 MP3，边走路边听故事或歌曲甚至听电台节目，边听边骑脚踏车，不知不觉中，两个小时就过去了。

我很爱运动，我觉得运动很有趣。运动后，全身的感觉很舒缓，很舒服。我到植物园运动时，认识了很多人，有些人很热情地邀约我进入他们归属的团体做运动。有些人则会分享他们的健康诀窍。有些人更在运动后会邀请我一起吃早餐。

在美国的大学读书，不论多忙，我每周固定打桌球四次。周末时，我会打网球，也慢跑。大学里有游泳池，住家附近的私立大学也将游泳池免费开放给社区人士使用，所以我可以在两所大学的游泳池游泳。我的运动量那么高，除了我自己喜欢运动之外，更重要的原因是，美国的医疗费用高不可攀，不能生病啊！在台湾时，我走一个小时的路回家或办事情，是常有的事。

运动，一举数得

运动不只是运动，运动的场所也是交朋友的地方。什么样的朋友都可能进入自己的生命，并丰富自己的视野和智慧。

运动也是控制体重最佳的方法之一。肥胖会带来高血压、高胆固醇、第二型糖尿病、冠状心脏病、心血管疾病、中风、阿兹海默症……

要活就要动，所以最好把运动变成好玩的日常活动。要不然，也可以每天沿着街道走，用走路取代公车、捷运和计程车，也会得到一样的运动效果，而且还可顺便熟悉每条街道的文化，一举两得。

怕生病，就运动。怕手术，就运动。讨厌吃药，就运动。要健康还是要生病，这是自己可以决定的事情。如果不知道可以做什么样的运动，又害羞不善交际，就随便加入早晚一个运动团体，试试看，喜欢就留下来继续做，不喜欢就换一个团体。你会发觉，自己的朋友版图扩大了，日子也过得更快活。

旅行让你远离医生

相不相信，爱旅行的人更容易健康？

旅行时，离开了自己熟悉的环境，人的心情自然放松，好奇心大增，忙着探索那些未知或吸引自己的人、事、物。

旅行的地点，可以是住家附近，徒步旅行，你会看到平时没有注意的有趣画面，碰到有趣的人、有趣的事物。

旅行的地点，可以是国内，也可以是国外。轻松地去，轻松地回来，不必计较到底要去哪儿旅行，也不必在乎究竟花了多少天，或非得看到什么不可。

带着没有目的的心情旅行，你会发觉，生命如此美好。

我在家附近的美容院理头发，美发师告诉我，她的丈夫在西门町卖鹅肉，两人平时努力工作，没有什么爱好，唯独旅行。

“我们每星期一定要旅行，选个地方就去，觉得好玩。每年我们都会连续休十天假，两人参加旅行团到国外旅行去。我们已经去过几十个国家了。”我问她热爱旅行的背后，有没有感动人的事情。

“我的公公婆婆也热爱旅行。公公投资得宜，婆婆卖鹅肉到五十岁退休，两人开始专业旅行。他们的足迹甚至到了俄罗斯及南极和北极，有时一去就五十天，两个人走过八十八个国家。公公八十多岁辞世时，都没有生病，只是到医院两天，就走了。婆婆也没有病痛，八十八岁时，也是到医院一下子就去世。就是旅行，让他们心情愉快，没病没痛，也没有给子女添增麻烦，自然地结束一生。”

人家说，好死不如歹活。我的看法相反，躺在病床上，意识清楚知道自己是谁，身体却动不了，哪里好？好死，其实是人到晚年最梦寐以求的。

五十几岁来我家油漆的王先生，和他做衣服的太太，从三十岁就开始旅行。“我没有不良嗜好，也没有其他兴趣，除了唱歌和旅行。我们每天很努力工作，常常加班，都是超时工作。但我们一定安排每年两次到国外旅行。我和太太带着两个孩子和父母及岳父母，再加上一些朋友参加旅行团。我们去了一百多个国家，脚步停不下来。我们不会说英语，但不影响我们旅行的心和行动。我们到了意大利，还到歌剧院听歌剧，不懂歌剧，但我的心当下很感动，到现在都还有很强烈的感觉。我们一家人都很健康，爱旅行的人是不生病的。”

我上过许多电台节目，记忆深刻的是，有一次一位主持人告诉我，她长年生病，体质很糟糕。我建议她去旅行。后来她证实旅行对健康的效益。“去旅行时，那些病痛都自动消失了。连慢性疾病都获得改善。”后来她爱上了旅行。旅行让她远离药物，也远离医生。

旅行，是心境

从小我就爱旅行。我爱一个人背起背包到处走。国内国外不打紧，旅行时心境是开阔的，脑袋瓜是放空的，双脚是走不停的，食欲好到什么食物都可以入口而且非常享受那样的美味。

在台北的朋友与我相约见面时，他们不知道，其实每次来回，我多数都是走路的。走路，就是城市旅行。走路时，东看西瞧，非常自在。黄越绥听到我从忠孝东路四段走到国宾大饭店和她一起晚餐时，嘴巴都张大了。当然，晚餐我也吃得比她多。两人分手后，我又从国宾大饭店沿着中山北路走回植物园的家，虽然天空下着雨，但对我而言，那是美丽的夜晚。

在华山文创和符慧中相聚后，我穿过无数的街道，再沿着中山南路踽踽独行，穿过以前的新公园，如今的二二八纪念公园，又经过“总统府”，走过孙运璿的旧居，再穿过植物园回家。

很多人以为要有钱才能旅行，甚至以为旅行的人都是中产阶级或有钱人，其实那是被自己的想法限制住了。

你要相信自己，给自己一个旅行的机会，把绷紧的神经放松下来。你会健康的。

如果我是医生，我给我的病人的处方是去旅行。不过，我可能因为这样而失业，因为我的病人都健康了，他们都成为自己的医生了，我这个没有病人的医生也只好去旅行。

没错，台湾医生的平均寿命比一般人短十年，你知道吗？他们太忙、太紧张，老得太快。钱赚得多，住豪宅，开大车，却不能去旅行，只有一句话：太可惜。

性不性，有关系

老人性事贫乏，原因众多

东方人不好意思谈性，尤其是在老年世界，谈性，可能被人家说是为老不尊。谈性，也易被说成好色之徒，尤其是女性，避而不谈性。但性，却是老而不休，而且对健康大有帮助。

根据一九八四年的调查，七十岁以上的人口中，59% 的男性、65%的女性仍有性行为，其中的半数每周有一次性行为，有部分是婚外性行为。

疾病影响老年人性生活的频率，包括高血压、糖尿病、心脏病等各种慢性病，当癌症的比例上升，手术治疗的人数比例也增加。

另根据《康健》杂志在“40 + 专刊”所做的调查结果显示，台湾的老年人不向往浪漫恋情。一般人在失去老伴后态度相当保守消极，高达 73. 85% 不愿意再找伴。尽管这些丧偶老年人的子女中，有 68. 83% 举双手赞成父母失去老伴后再谈恋爱，老年人也兴趣不大。

台湾老年人在性生活方面，高达六成没有性生活。每增加五岁，老年人的性生活就一路往下溜，跌率从 30% 、38% 、50% 到 53% ，急速降落。过了七十一岁后，因为丧偶、没兴趣及自认不需要，没有性生活的现象更严重。

根据爱情学专家、淡江大学中文系教授曾昭旭在《康健》杂志“40 + 专刊”中的分析，很高比例的年长者失去老伴后不愿再谈恋爱或找伴，尤其女性在生活方面是双重付出者，需参与赚钱养家与照顾家庭，比较累。当老伴过世后，反而得到解放。有些女性说，才刚送走一个老爷，还要再找一个老爷来服侍吗？才不要呢，丧偶后自然会延缓再找伴的意愿。

相较于女性，研究发现，男性丧偶后会很快再婚，因为生活没人照料，这跟谈恋爱不同。

曾昭旭分析，台湾六十岁以上有性生活的人比例不高，与台湾社会风气未开有关。性在传统文化上多少有负面、污名化的印象，好比我们说“临老入花丛”，夫妻敦伦也是为了传宗接代，具功能性，还没具备充分享受性爱的生活态度。

在生理上，老年男性体内的男性激素减少，男性的精液变得稀薄，量也减少，射精时的压力降低，精液缓慢流出，和年轻时如水柱般射出不同。此外，前列腺变大了，高潮时，骨盆腔底的规律性收缩也降低了。

七十岁以后，老年男人的睾丸体积变得较小，硬度也比年轻时软。十二点钟，已成历史；更惨的是，某些疾病和药物可能造成影响，以致硬度成为六点钟。另外，性交时，睾丸也不会主动往上收缩。

这是老年男性在性事上会面对的“男性尊严”冲击。

老年女人的性事，则是心理比生理因素大。女人四十岁以后，雌性激素开始下降到六十岁。因为雌性激素下降，阴道也变薄，年轻时有许多皱褶已成历史，润滑液分泌也减少。酸性分泌物减少，感染也会增加。乳房渐渐萎缩，变小了，腺体逐渐纤维化，弹性也消失。此外，雌性激素降低，则会增加骨质疏松症的可能，骨折及肌肉酸痛的概率也上升。

在社会和心理上，影响老化程度的原因，包括文化背景和思想潮流都会有所差异。心理上认老，性事上的频率自然递减。

统计上，老年人的性行为随着年龄增加而下降，呈反比的现象。原因包括丧偶（失去性伴侣）及慢性疾病，如因罹患糖尿病而停止性行为。台湾老年人要培养寻偶的能力，一些交友网站可为老年人提供社交平台。

性爱，为生活带来能量

老年人的性行为频率高低，还受到两性互动和丧偶所影响。大部分老年人的性生活习惯，是延续年轻时所建立的模式而来。如果年轻时性生活的经验是关怀、温暖及满足，进入老年时，仍可保有原来两人之间亲密的温馨和满足感。反之，若年轻时，性行为没有给自己带来快乐和遐思，反而是痛苦或不适，那么，即便有偶，也会以生理改变作为停止性生活的借口。

退休带来生命的大改变，也在两性中起了巨大的变化。当两个人都在家里，谁该做饭，谁该拖地，谁该洗衣，甚至，万一兼职当保姆，谁需要照顾孙子也都会引起冲突。间接地影响了老年性生活的品质或频率。

根据研究，丧偶的男人比女人沮丧程度更高。可能是男性习惯依赖女性，从日常生活、购物，到人际交际不一。丧偶后，男人顿失所依，又缺乏做家务的能力，生存力大减，因此男人丧偶后，不论台湾或美国，再婚的时间很快，概率也很高。

根据调查，拥有性生活的老人，较少沮丧，连使用抗忧虑药物的比例也降低。

性生活，一如年轻人生物机能的原始动机需求，老年人亦如此。何况性事，超越性的本身，那是与人之间的接触，对爱和生命感受的互动。停止性生活，容易带来孤立和绝望。有性生活的老年人，主观与客观上，都给人快乐和健康的感觉，实际上也如此。

文化差异

相较于台湾老人在性事观念上的保守，美国老人在性活动上比较活跃和缤纷。

美国男人，不分年纪，结婚的人比女人多。所以，男人保有性生活的比例比女人高。老年男人在选择女性时，会考虑对方是不是喜欢性活动，会以性生活活跃的人为约会或再婚的对象。女人在丧偶后，对异性的门很少再打开，就没有了性生活。一个人老后或单身，或再次单身，性生活常常变得可有可无。原因之一是没有对象。当然，心境转空也有关系。

美国在老年性事上的研究不少。一项针对一千两百九十二个六十岁以上的人调查，48% 的人每个月至少有一次性活动（其他渠道的性）。至于有伴侣者，80% 的人声称他们有性生活。相信吗？31% 的美国人自觉老年性生活在身体上，比以前还好。还有四分之一的美国老人认为，当下的性在情感情绪上的满意度，比起四十岁时还高。31% 的老年男人和 17% 的老年女人报告说，他们在做爱做的事上，情感感觉良好，这部分的收获不少。

有超过80%的人宣称，做爱不只是体能和情感上的流动，还包括幽默、好身体带来的好健康，甚至在智能上都大有斩获。

不过，老年男人和老年女人在性事上的看法还是南辕北辙。78%的老年男人觉得做爱很重要，但只有50%的女人认为做爱很重要。美国老年女人的这一观点，与两性专家黄越绥的理论不谋而合。这也导致老年女性在丧偶或单身时，寻找伴侣的意愿较低。高达82%的女人认为金钱很重要，也许老年女人需要安全感，所以金钱往往比性重要。

美国退休协会AARP于一九九九年曾针对一千三百八十四个四十五岁以上的美国人研究并发现，67%的男人和57%的女人都认为良好的性关系是高品质生活的地基。而且，那些人还认为他们的伴侣是他们最好的朋友。到老年，那票人还觉得他们的伴侣吸引他们，无论是在外表、体能上都深深地让他们着迷。

美国诸多的研究还同时指出，老年男人认为做爱很重要的比例比老年女人高。是身体结构不同，还是情感上的认知不一样，或是女人比较少对自己的身体进行开发？

今天做义工了没

一项针对美国退休人做的研究中，其中一题是：第一年退休最重要的是什么？答案是做义工和探访亲戚及朋友。退休五年后再作研究，答案还是一样。

很意外吗？退休后的梦想不是游山玩水，而是做义工。为什么呢？因为做义工让人找到活着的意义。这个意义，让人有继续活下去的动力，而且活得很有价值，自我感觉良好。

那么，游山玩水不好吗？不！游山玩水也很棒，但游山玩水之余，也会想要做有意义的事吧！会想要服务人群，让社会更美好，就像美国梅肯研究中心做的“成功老化”定义，退休后做义工，是“成功老化”的要件之一。反之，天天游山玩水，就少了“成功老化”的感觉。

总统夫妇，做义工跑遍世界

在美国总统任内，卡特不是出色的总统。他的格局小，只是将他在乔治亚州政府的一些班底移到白宫，因此没有太大作为，以致没有连任成功。这是我的美国朋友们的说法。

虽然如此，但他是美国历任卸任总统中最出色的人。他为世界的和平奔走，在美国境内为穷人盖房子。与其说他是政治家，不如说他是人道主义者，更为贴切。

五十六岁卸任后的卡特总统回到他出生成长的家乡，只有六百多人的佐治亚州波莱茵斯小镇定居。这么小的小镇，居然还是高雄市的姊妹市，如此的巨人和小矮人邦交，也是有趣。

当我读到愈多卡特总统的和平主义与人道主义事迹后，开始对他个人产生兴趣。他从十八岁就在他的教会教主日学迄今，而波莱茵斯镇离我居住的梅岗城开车约莫一个小时，因此，我偶尔就到他的教堂听他的主日学课程。

八十几岁的卡特总统，穿的是旧衣服，脸上的皱纹、笑容，以及他那当农人的粗糙手掌，都因近距离而让我看得一清二楚。他是一个和我的爸爸一样朴实的人。

根据教会的人说，卡特总统卸任后，还是继续为教会的草坪割草，而教会募款的木盘，也是卡特总统自己做的。

“卡特总统进来时，请大家不要站起来，也不要鼓掌。他是来分享他个人读经的心得，而且他也不是总统了。礼拜结束后，想和卡特总统和他的太太罗莎琳一起拍照的人可以在教会外面的草坪排队。”在主日学开始前，教会的人会给客人一个会前会，也让客人提问。

不简单吧，卡特和罗莎琳两人于一九八四年在纽约加入了“国际仁人家园”（Habitat for Humanity International），为穷人盖房子，每年这对夫妻捐出一星期的时间在世界各地为无壳蜗牛又是穷人者盖房子迄今。卡特夫妇方案（Jimmy & Rosalynn Carter Work Project）吸引了不少的人加入盖房子当义工，三十年来如一日，如二〇一三年十月将在美国加州的奥克兰、圣荷西，科罗拉多的丹佛及纽约市为穷人盖房子。二〇一一年和二〇一二年则为被严重地震侵袭的海地靠海城镇盖房子。二〇一〇年则是美国境内，包括华盛顿特区、马里兰州的巴尔的摩、安那波利斯，明尼苏达州的明尼亚波利斯、圣保罗，及阿拉巴马州的伯明罕等。再往前推，二〇〇九年则很国际化，而且集中在亚洲国家，包括泰国湄公河区域、中国、柬埔寨、老挝和越南等。

像他们这样三十年不间断地在世界各地为穷人盖房子，一点也不显老，我当然对这样的不老人兴致勃勃。

卡特夫妇平时住在波莱茵斯小镇，却也常在世界各地奔波。一对乡下人，眼界和胸襟却仿佛无边，他们的世界也很大，没有受到地域或国度的限制，来去自如地为和平、人道而努力。

罗莎琳除了与丈夫一起盖房子，她还在要进入波莱茵斯镇之前的一个古典小镇阿美丽卡（Americus），成立了卡特·罗莎琳照顾中心（Rosalynn Carter Institute for Caregiving，简称 RCI），专门培训和培养照顾者，如照顾家人（照顾老人和小孩及残障者），或专业照顾者等。

卡特夫妇离开白宫后，不只做志工，也写书。夫妇两人各自出版多本书籍，将他们的理念透过书籍传达给世界各地的读者。这样的晚年，不只是夕阳无限好。

一个才六百人的小镇，因为卡特总统卸任后名声继续走高，让旅客从世界各地飞来。波莱茵斯镇因卡特而扬名世界。

卡特总统夫妇是我学老的对象，这样的信念，从我第一次和他们面对面、眼神相接时就自然产生了。老年，不只要活得优雅，还要活得精彩，活得无限宽广。

美国义工满天飞

当我上美国成人高中时，我四十八岁。当时我考过成人高中规定的四科考试，包括数学、英文写作、科学（包括生物、物理、化学、天文学、健康教育、环境科学、解剖和生理学）、社会学（包括美国历史、地理、美国政府、经济、美国公民、政治科学、文化、心理、社会）。

在台湾，文史科目是我的拿手，只要翻一翻书，就可以考很高分，连背诵都不必，好像子弹会自动上膛发射。但在美国，居然像白人刚从欧洲移民美国时所带来的传染病屠杀了基因单纯的美国印第安人似的，我也被那些传染病给宰了。而在台湾永远不及格的理科，包括生物、物理、化学和数学，在美国，竟然死而复活。这样的大逆转，实在不可思议。

在美国，我整个人倒转过来，好像变性人一样。优势变弱势，弱势反倒成了优势。所以，数学第一个冲过关，科学方面，当时也在读高中的女儿为我恶补了一个寒假之后，也一次就搞定。

社会学主要在训练几种技巧，包括良好公民意识、批判性思考、解决问题能力、世界主义和保存等。因为缺乏美国文化背景，加上英语能力的不足，我失败两次，到第三次才及格。

最后一科是英文阅读，我已经考两次了，也失败两次。在那样的连续失败下，我虽然很沮丧，但是，我积极地要给自己找到一个出口，希望能够在就读的学院找到一对一的家教义工。

我先碰到一位八十岁的义工，她是小学退休老师。我请求她教我，她点头了，马上带我到她车上寻找适合我读的书。从那时起，她变成我白天的阅读启蒙家教。

接着我还注意到一位中年女士潘，晚上总是拉着一个行李箱到学校来。后来，她成了我夜间的英文阅读家教。

潘是工程师，已在成人高中担任义工家教几十年了。每周二、四晚上，她担任数学家教，但也喜欢阅读。后来潘自掏腰包购买适合我的程度的英文书给我，晚上我就在潘的帮助下，进行阅读。除了家教，她还在某间学校担任学生的精神导师。

没有英文阅读家教时，我就回到成人高中教室，试着从成人高中老师那儿挖些英文阅读的宝。

潘和我两人共同的兴趣都是阅读绘本童书，借着教我英文阅读，私底下，我们有了更进一步的友谊，有时候我还到她家过夜，我们成了好朋友。

在两位义工家教的帮助和自己的努力下，英文阅读后来重考两次才及格。

总之，一年半之后，我终于通过成人高中五科的考试，不久就收到州政府寄来的美国高中文凭了。

做义工，也帮助自己

在美国居住愈久，认识的美国人愈多，我愈是发觉，美国人做义工或志工的风气很盛。他们从小就被教导或带着去做义工，义工也成为他们的生活之一。退休人士更是志工的主力。由于当志工，美国老人交的朋友更多，也活得更起劲。

像安妮塔，没有参与任何义工组织，但她每星期固定时间开车接送一个七岁就失去依靠，与她没有任何血缘关系的女人到超市采买食物和日常用品，数十年不间断。

当义工，更能看到自己活着的价值。为社区、医院、博物馆……做义工，是美国的重要文化之一。我在美国常出席 UU 教会（Unitarian Universalism，一神普救派，接受宗教多元主义的非教义宗教，以灵性成长和关注地球环境为主）的礼拜，那儿的人，不分年纪大小，都积极地参与社区的义工。甚至有一群人共同研究社区广场公园的历史，将其记录在小镇的历史档案中。

有些人每星期到食物银行（Food Bank）为游民或穷人服务，烹煮食物。美国人担任义工或志工，是人生的必然任务。

星期日的早上，我通常也在梅岗城的一个教会为街友做早餐，并陪他们用餐。

美国老人独居不孤单，不寂寞，担任义工使其生命更丰富。

回馈社会

在台湾，四年级和五年级的人是最幸福的族群。童年穷，拼工作，买房买车或旅行，几乎是只要努力，要什么就有什么。

这么幸运的人，更应取之于社会，用之于社会。至少，婴儿潮的生命历练丰富，历经贫穷与富裕，绝对可以当年轻人的精神导师（mentor），启迪年轻人的思维与生命。

回馈让人更年轻

在美国，有一个非营利组织叫作“大哥大姐”（Big Brother and Big Sister，http：//www. bbbs. org/site/c. 9iILI3NGKhK6F/b. 5962335/k. BE16/Home. htm），就是要引导小朋友走向光明健康的道路。潘虽然是工程师，但她每周午餐时仍拨出时间和一个出身单亲贫穷家庭的小学女孩共餐。在共餐时，潘听小女孩说话，也将她从原生家庭得来的错误观念导引到正向之路。

实际上，我在美国读书这么多年来，安妮塔一直是我的精神导师。当我受到美国文化冲击或在中西文化之间挣扎时，她为我解惑。当我和自己的妈妈冲突时，她也引导我，告诉我我的妈妈的思维及其生存年代和台湾的整体发展有关，塑造了我妈妈保守的思想和对

待子女的态度。她用自己的智慧，引导我到我要去的方向。（请参见《我的肯定句妈妈》，宝瓶出版）

对我来说，安妮塔是我人生伟大的精神导师。

回馈社会的方式有很多，贡献所学，支持年轻人，担任志工、捐出财产……安妮塔的方式也是一种。

林俊义花很多时间在“新头壳”部落格一再重写《活出淋漓尽致的生命》故事，用最诚恳的态度重新诉说生命的种种。“刚开始是为我的孩子潦草写的，态度很傲慢。后来，我用心去写，用心说好人的故事，希望年轻人看到生命的发展与过程真正的一面。我一直以感恩之心对待生命。希望可以用来影响年轻人对生命的看法与价值。”林俊义表示。

美国《时代》杂志将在台东中央市场卖菜的小贩陈树菊选入了二〇一〇年最具影响力时代百大人物。《福布斯》杂志也将陈树菊选入二〇一〇年亚洲慈善英雄人物。陈树菊的名字，一时之间，成为台湾大街小巷的招牌。

美国《福布斯》杂志公布二〇一二年度的“亚洲慈善英雄榜”，四十八位人选当中，台湾有四位入选，除有“男版陈树菊”之称的清洁工赵文正上榜，其他的三位都是企业家，包括长荣集团创办人张荣发、奇美创办人许文龙、王品集团董事长戴胜益。

二〇一二年二月张荣发宣布在自己百年后，将全数财产捐给张荣发基金会。张荣发的财产有多少？《福布斯》帮张荣发估算过，他个人财产的净值大约为十八亿五千万美元，折合台币是五百五十五亿元。张荣发基金会目前每月花费一千万元台币支持慈善专案，每个月还免费发送三十六万份的《道德月刊》来协助社会风气的改善。

被誉为“全世界私人博物馆中规模第一大”的奇美博物馆新馆，寄居在奇美集团位于台南工业区的大楼内多年，在许文龙的坚持下，免费开放给所有的人参观，以提升大家的人文素养。光是硬件就花二十亿台币打造的奇美博物馆新馆在台南都会公园已经完工，比原馆大五倍，每年将可吸引一百万人参观。二〇一二年五月，奇美宣布，新盖好的奇美博物馆将捐赠给台南市政府。奇美博物馆收藏了一千多把名琴，每把名琴都是千万元起跳，甚至有高达两亿元的名琴。名琴如此昂贵，但许文龙慷慨地将它们出借给不少的音乐家和学生，征战全球音乐厅。

戴胜益的一篇文章《我为何断绝孩子的退路》，在网络上被疯狂转载。把财产捐出来，是他爱孩子、鼓励孩子自己开创自己道路的方式。他在公司公开上市之前，便已决定捐出财产的八成，估计大约三十亿台币，成立慈善基金会。戴胜益的“王品戴水基金会”也提供奖学金，支助一万个贫穷家庭的小孩。另外，在王品集团内，戴胜益还设立“戴胜益同仁安心基金”，作为“同仁失去工作能力”时，照顾其一生的基金。而且，戴胜益也拨一笔庞大的资金援助低收入户。

住在台中乌日，六十八岁的赵文正平时担任工厂清洁工，下班后做资源回收。他不只要抚养五个小孩，每个月还坚持捐出四分之三的收入做慈善捐款。一个收入微薄的清洁工，在三十多年的岁月中，居然捐款超过四百万台币，怎不叫人感动！

冷莉萍的父母冷兴发和冷钟玉惠原是卖豆浆的小贩，三十多年前五十来岁时开始认同慈济证严法师的“盖医院救人”的理念，就死心塌地地跟着听法，捐钱，担任志工。冷兴发过世后，他的遗体也捐给慈济大学作为医学生解剖用。如今，冷钟玉惠已经八十多岁了，还乐此不疲继续在慈济担任资源回收的志工。她的生命因为捐款助人和担任志工而更丰富、更完整，不但让地球更干净，也救助陌生人的生命。

像冷钟玉惠这样年纪，或更低更高者在慈济里比比皆是。有的人将花莲静思精舍当成自己心灵的故乡，或住在那儿，以便天天到医院担任志工。有一位七十四岁的李先生是台北士林人，他换地方就不容易睡觉，为此终生没有出国，但他却到静思精舍担任志工，每个月去两次，每次住三天两夜。"折磨一段时间后，终于能睡着了。以前看人都不顺眼，当志工多年后，心性改了，看人觉得很可爱，还会主动和陌生人聊天，协助人。"

在植物园，坐轮椅的八十八岁李先生说，他的一位九十二岁朋友天天在行天宫（恩主宫）做志工，看起来年轻又快乐，走路步伐轻快。我猜他的朋友可能是那些穿着蓝衣为大众收惊或打扫清洁的人。李先生还说："老人最怕整天待在家里没对象说话，没事可做，那样脑筋退化得快，也老得更快，很快就被老年失智症抓住了，想逃也逃不掉。"

回馈不分国界

看看西方到台湾传教的那些人，即使年纪很老了，还是为台湾偏远地区奉献。想想罗慧夫医生（Dr. Samuel Noordhoff），在台湾行医四十年，为马偕医院创办了全台第一个加护病房、灼伤中心、自杀防治中心、山地巡回医疗车、小儿麻痹重建中心及唇腭裂中心……一九七六年罗慧夫成为长庚医院创院院长之后，又创下许多纪录，包括开设颅颜中心、显微中心、美容中心等。他禁止医生收红包，觉得那是不道德的敲诈行为，开启台湾医生不收红包的文化，并且严禁医院医生在外开业。罗慧夫认为医生应花时间进修，增进医术，不能故步自封，当然不可在外开业赚钱。

台湾每年有六七百个唇腭裂的孩子，他们说话时嘴巴会漏风，被人歧视。罗慧夫医生为此特地回美国医学院再进修两年，回到台湾帮助这些需要多次手术修补信心的孩子。平时，罗慧夫医生就常自掏腰包帮助贫穷孩子的手术。一九八九年，他坚持，"一个唇腭裂手术只需要一到两个小时，却可以重建孩子一生"的信念，更把毕生积蓄三百万元掏出来成立"罗慧夫颅颜基金会"，呼吁大家重视人性尊严，帮助无数唇腭裂暨颅颜患者及贫穷的孩子。

一九九九年，七十几岁的罗慧夫退休了，他和妻子离开台湾返回美国养老时，毕生奉献给台湾的他却穷得连买车的钱都没有。即便如此，他没有停止脚步，将关怀重心转移到亚洲的越南、柬埔寨等医疗资源更匮乏的国家。二〇一一年，八十多岁的罗慧夫回到台湾，带领基金会的医疗团队到蒙古医治当地人。他呼吁资源不能留在台湾，应扩大到其他落后国度。"补他的脸，其实是补他的自信。"罗慧夫将这样的观念带给台湾人。

彰化基督教医院的兰大卫、兰大弼医生父子，将自己奉献给台湾六十八年。退休时，父子俩都将退休金全数捐出，两袖清风地回英国养老。

开启台湾人学习英语的《空中英语教室》创办人彭蒙惠女士在台湾的时间比我还久，她也为台湾的英语教育奉献了一生。

符慧中在房地产业经营多年有成后，不但支持小农种植有机蔬菜，同时还支持年轻人创业，拿下英国由街友贩卖、非常具有国际视野的《大志》（*THE BIG ISSUE*）杂志台湾代理权。《大志》不但将内容本土化，同时帮助无家可归的街友通过在捷运站贩卖杂志，而拥有收入，进而有能力租房子，脱离无家可归的处境。

郑文岚和钟碧娟退休后，除了投入社区大学的义工，还联袂到缅甸义务教中文。

在芬兰，许多七八十，甚至九十岁的人为小朋友的生日演奏音乐，或到各地为人演奏，带给大众欢乐。那些人不只自己活得快乐，也觉得自己活得有价值。在美国，做义工或志工，更是人生之一大事。在西方，老年人被视为独立的“人”，他们随“心”所欲，不受家人或子孙限制。

做义工或做志工，在台湾愈来愈多了。而企业家也渐渐地体会到，取之于社会，用之于社会，对自己也对社会和国家更有用处，这也使得台湾的社会更美好，个人的生命或家庭也因此成长更多。

对人生的满意度

我父母那一辈的台湾人特质——乐观知足，渴望社交。

《康健》杂志在“40 + 专刊”上，对台湾老年人所做的调查如下：

从“回想这大半生，你最后悔的是什么”来看，“一生无悔”的比例最高，因为经历过战乱、日本统治、经济生活贫乏，六十岁以上的人较为知足。

其次，有三成“后悔对子女的教育不够或方法不对”，因为这一代人受到华人文化价值观影响很深，较重视子女教育，自己省吃俭用，希望给子女提供更好的读书环境，即使子女长大后仍继续担心。

我问八十八岁的李先生对自己的人生满意否？他连称：“满意极了，一切都按照我要的在进行。我历经生意失败，没放弃，继续翻两番。”

“台语说，做鸡要罄，做人要翻。意思是鸡要用爪子去挖土地，就可以挖到虫子吃。做人要向鸡看齐，要挑战自己，不要做死领薪水的工作。我的一生都依照鸡理论而走，活得很有意思。”李先生觉得自己的一生是由自己决定的，也靠自己的意志完成了，“很满足！”

谈到什么最重要，李先生说老人一定要有钱和有伴。这个伴，指的是老伴和二十四小时照顾的外劳。旋即他又补充，健康最重要。可是，若听他继续讲，智慧是凌驾其上的。

知足常乐

已过一百岁的邻居林春朝先生说，哪有不满意的道理？如果能知足常乐，当然就会满足和满意了。喜欢登百岳，又曾是登山团的队长，从四十几岁登百岳到七十岁，接着又环游世界，并且享受天天阅读之乐，林春朝对百岁人生是满意极了。

有一天，我闲来无事和林春朝先生聊天时，顺手帮他的两只小腿一路按摩到脚底，发现他小腿结实的程度比许多二十几岁的年轻人更甚。按摩完小腿，我又帮他按摩手臂，也是十分精实，不得不赞叹老天造人的完美和自己创造自己的伟大。

九十四岁的黄女士十四岁时父母双亡，和弟弟从福建福州过海到台湾谋生，二十岁时被也是姑姑的婆婆做主，嫁给表哥。当她大腹便便时，表哥突然消失，七年后现身，说他当年只身到日本，并在那儿与日本女人再婚，育有一女，后来日本太太抛下女儿，带着细软离家出走。他只得聘请人家照顾女儿。

“原来他是被日本太太抛弃才回来的！”黄女士回想当初自己一个人在坐月子时，背着女儿为男人理发，以养活母女两人，甚至被婆婆唾弃，忍不住觉得心酸。黄女士猜测受过高中教育的丈夫抛弃自己，太太是文盲是唯一的理由，因为两人没有交集。

“没有几天，丈夫又走了，从此下落不明，不知死活，但我也看淡了，连再婚都懒，也没勇气，生怕遇到更糟的男人，甚至可能落到被男人殴打的下场，自己的一辈子就无法翻身了。”黄女士说当时的台湾社会对待女人残酷，常常在街头会看到女人被打得遍体鳞伤逃奔家门，连个遮身蔽体的衣服都没有，就吓坏了。

“现在回想这九十四年的生命，我觉得满足。我一个不识字的女人靠着理发刀，培育女儿担任老师，也算很有成就啦！我现在和女儿一家人一起住，每天早上自己还拄着孙女从日本给我买回的拐杖伞到植物园散步，和一群老朋友见面聊天，我很快乐呢！”黄女士强调，宽恕很重要。“我原谅抛弃我、不负责任的丈夫。”

被黄女士昵称为同学的黄先生也是九十四岁，他在植物园运动超过五十年，每天早上声音洪亮地对大家喊“早安”，认识的朋友无数。如今他膝盖退化，走路的平衡性降低了，每天由儿子推着轮椅到植物园散步，他也说这辈子很满足。“年轻时创业搞事业，又天天运动，现在退休儿子天天陪伴，很满意啊！”

黄先生的儿子说，只要每天早上让爸爸到植物园，他就快乐了。人，活到老，欲望降低到人的最初，就是简单。

自嘲在植物园上班的陈女士，每天推着可推可坐的助步器散步三小时，走累了，就坐在助步器上休息，休息够了，又继续走路。虽然九十四岁了，住在没有电梯的公寓三楼，她还是说：“我每天上下楼梯都自己来，助步器就放公寓角落。有时候觉得走楼梯很累，但要换有电梯的大厦太麻烦，所以就继续走。”与儿子同住的她，个性独立，不肯因自己的不便增添儿子的麻烦。

“若是住在有电梯的大厦就更好了！”陈女士还是忍不住说出心底的声音。

另一位九十四岁的陈女士在五十岁时丧偶，她曾抱怨自己的丈夫：“当医生有什么用，自己都不会照顾自己的健康，那么早就走了！”她也后悔在四个孩子中培养三个子女到美国和加拿大，唯独当牙医的儿子住在台湾，“有个疾病或事情，呼叫子女太遥远。打电话给牙医儿子，说不到两三句，就说：‘妈妈，我有病人上门了！’我怎么舍得儿子不做生意呢！”陈女士虽然当了一辈子的家庭主妇，但她纵横股票市场数十年，直到最近视力太差，看股票行情版不是那么舒服，才停止投资。

“八十五岁以前我的健康挺好，连眼睛都没问题。自己一个人带着行李就到国外探望子女。八十五岁以后眼睛开始退化，九十二岁开始，双腿的平衡降低了，所以就从独居变成有印尼外劳陪住陪走。我担心我的健康将快步走下坡。”其实，陈女士的经济独立，个性也很独立，衣食住不但无忧，因每天运动，肌肉非常结实，头脑清楚，数字能力更是强，每天还打扮得光鲜亮丽，甚至被一些运动的老男友昵称“姑娘”。

“独居惯了，有时子女从美加回来，我还觉得麻烦，家里得多准备他们要吃的菜。”说归说，陈女士还是觉得子女在身旁最好，“不行就骂子女！朋友虽好，怎么能骂？”即便独居数十年，财务也独立，她还是坚持养儿防老是必然的。

无悔人生，是最高目标

台东基督教医院创院院长美籍谭维义医生，在台湾奉献四十年，这位台湾人口中的谭爸，觉得自己的一生圆满了。苏辅道医师从东基退休后不是游山玩水，而是回美国继续到大峡谷为穷人医疗服务。而有“台东小儿科之父”之称的龙乐德医师，也从东基退休后，随其妻回美国读心理咨询，开创第二事业，龙医师跟着太太世界跑，这位爱小朋友的医师继续在世界各国看小朋友，乐在其中。从芬兰到恒春四十年，以恒春为其第二故乡，单身终生的马立娜，在为恒春人奉献大半生后，探访照顾独居老人，又协助教导菲律宾新娘，教她们用台语与公婆及丈夫沟通的她，退休后回到芬兰，继续探访第一故乡的老人。罗慧夫，自嘲自己是鸡蛋（外白内黄）的外国人，将一生最黄金的岁月都奉献给台湾人，晚年的他，觉得生命非常圆满。

安妮塔也觉得自己的一生圆满极了。“就算生命重来一次，我还是喜欢我这一生的版本。我热爱我的家人、我的工作、我的朋友、我的生活方式，以及我几十年的义工生涯。而且，我也不怕死亡到来。上帝要接我走时，我只要跟着上帝的脚步前进就可以。我相信，上帝早就为我安排好一切我需要的了。”

老人自我愈感觉良好，对自己一生的满意度愈高，生命的品质也相对上升。反之，经济和个性若需要仰赖子女，或是健康欠佳、需要家人照顾的老人，对自己一生的满意度就大幅降低。

由此可以推测，对自己的一生满意度愈高的人，晚年的生涯也将更能乐观以待。普遍来说，教育程度愈高的人，更容易有个人的兴趣、需求及能力面对老年生涯，生活品质也愈高，理所当然对生命的满意度也趋高。

Part 5

再见，天堂见

BEYOND YOUNG:GET ALONG WITH YOUR GOLDEN AGE

每个人都该预立遗嘱

中年在美国读书九年，我遇过最惊心动魄的事情是美国朋友们问我是否立好遗嘱。我说自己还年轻，干吗要写遗嘱？而且我也不是有钱人，何必预立遗嘱？朋友们对我的反应非常不以为然。他们告诉我，遗嘱非常重要，是最后为自己人生负责任的大事。安妮塔不但出示自己的遗嘱给我看，还给我看她其他亲戚的遗嘱，其中一份遗嘱里亲戚遗留给她一件家具。另有两位美国友人，年纪一个比我长两岁，一个小我一岁，也告诫我，遗嘱是非同小可的事情，而他们早早都写好了。

由于几位美国朋友对我晓以大义遗嘱的重要性，我非常好奇地问其他的美国朋友们是否也写遗嘱了？答案几乎都是“Yes”。他们谈起遗嘱，就像喝一杯咖啡那么平常。反倒是他们讶异于台湾人没有预写遗嘱的文化。有一位朋友还上网抓了一份遗嘱给我参考，遗嘱该怎么写才恰当。

写遗嘱，好处多

“遗嘱写好了，可以随时修改。随着年岁的增长，我认识的人更多，遗嘱的范围也扩大了。”安妮塔曾经对我这么说。她还问我，是否喜欢她从年轻时就用手工刺绣的一些图画作品？原来安妮塔也将我列入遗嘱的关系人之一。

美国人写遗嘱，对象不只是针对自己的孩子，还有亲戚朋友，甚至是陌生人或慈善单位等。有的人没有任何财产，但遗嘱却感动很多人，其中以一名贫穷的灯塔照顾人的遗嘱最叫我感动。他和太太年轻时带着幼子在超市买食物，不够钱支付，就有陌生人帮他们付了，后来管理员以此作为自己关心其他陌生人的典范。因此，当一些人收到一名灯塔管理员的遗嘱信时，发现自己的生命竟然被远方的陌生人所照看着，有人因此找回自己失落的纯真，有人甚至挽回破碎的婚姻，多么令人感动啊！

预立遗嘱，免去子女纠纷

香蕉大王陈查某和我关系深远，他不但是我高中三年打工的纺织厂董事长，也是我就读高中的董事长。我见过陈查某几次，他巡视工厂，对学生说话，还用游览车招待学生上阳明山探望他太太的美丽墓园。那些记忆，在我年少时代烙下深印。

从香蕉延伸到纺织，再跨业到建筑，陈查某虽然不识字，但刚好都走在对的时代，赚的钱无可计数。可惜，他身后十几年不得入土为安，只因子女为了争夺遗产而对簿公堂。王永庆的孩子也为遗产在法庭相见。

八十八岁的李先生，受过基隆海事学校教育，足跡跨得远，谈起陈查某及王永庆，就不胜唏嘘。他每次看到子女为了父母的财产而争夺，让父母死不瞑目，就告诫自己，一切都要清清楚楚，在遗嘱里说明白。

最近李先生花了两万元聘请律师为他的遗嘱做法律的执行者。他的律师已经来三次了，都是来修改遗嘱。李先生在律师面前写下遗嘱，还有两个侄孙辈做见证。不动产、股票、现金和公司股份都在遗嘱里写得很清楚，就是要避免陈查某与王永庆没有预立遗嘱的下场。

李先生早年做生意失败三次，后来到上海经商，从事化妆品生意，利润丰厚，买一元卖两元，迅速积累了财富。他在台北市买了土地，盖了五层楼的房子，一楼是夫妻居住，二楼给大儿子住，三楼给小儿子住，四楼给大女儿住，五楼给小女儿住。妙就妙在孩子住了一辈子的房子，但所有权仍然是李先生的。他说："我需要用钱时可以变卖我的房子。如果我把房子过户给孩子们，他们不可能愿意让我卖掉他们住的房子，当然也不可能孝顺我。既然房子的产权仍然在我手里，孩子们不得不孝顺我。现在，若我身体有恙或有事情找他们，我按个电铃，他们会立刻下楼与我会谈。"

九十三岁的栾先生是黄埔军校十六期出来的，并在三所军警大学教书退休。谈到预立遗嘱，他也以王永庆的经验为戒，坚持非写遗嘱不可。"事情交代清楚，才是负责任。遗嘱不只是针对钱和财产，还包括个人的意愿等。"

为自己画下完美句点

遗嘱很重要，是表达自己的思想和意愿，你总不愿意把自己的财产给讨厌的人，即使是子女或其他亲人也不例外。礼物，都是给自己喜欢的人，不是吗？八十几岁的刘先生的孩子很不孝顺，他听到我说，他可以将财产捐出成立奖学金，以支持贫穷的孩子向学，高兴万分，恍然大悟原来自己身后还可以继续为台湾社会贡献，觉得自己的生命价值上升了。

遗嘱怎么写？就是把你身后的事情讲清楚。遗嘱属于民事法律行为，分为法定继承与遗赠两种。法定继承人是直系血亲，如配偶、子女、父母、孙子女、祖父母、曾祖父母。遗赠则是给非直系血亲的，包括给国家、非营利组织或友人，甚至是陌生人。

写遗嘱时，遗嘱人必须具有行为能力，也就是意识清醒。遗嘱必须表示遗嘱人的真实意愿，受胁迫、欺骗所立的遗嘱无效。伪造的遗嘱无效。遗嘱被篡改的，篡改的内容也无效。而遗嘱的主要形式有公正遗嘱、自书遗嘱、代书遗嘱、录音遗嘱、口头遗嘱。

遗嘱可以不断修改，但以最后一份遗嘱为准。如果遗嘱中有公正遗嘱，以公正遗嘱为准。

写好遗嘱，就走得坦然一些。把所有的事情都交代清楚了，对自己的一生负责，也对自己的人生画下完美的句点。

安排后事

葬礼，也是个人选择

九十四岁的陈女士说：“我已经订好自己的棺材，也选定好墓地了。当我离开世界时，只要把我放到棺材里，再举行个葬礼，然后放到挖好的墓地就行了。我不要火葬。我要土葬。之前我花了很多时间到处看，现在都处理好了。”接着，陈女士说现在的葬仪专业做得真好，很方便。

“我的子女不必麻烦。他们只要来参加我的葬礼就行。”虽然陈女士大半生都住在台湾，但对于自己的后事，她的做法非常像美国人，勇于对自己的最后一件大事负责任。

负责八十一个老人登山和聚会的队长先生听到陈女士已经妥当安顿好自己的将来时，立刻对她竖起大拇指，表示激赏。队长说，要对其他队员说，安排后事要自己来。

“连财产都规划好了，全部在保险箱内，上面名字写得清清楚楚，孩子们什么都不必争。”陈女士的脑袋瓜之灵光和精明，很多年轻人都要佩服。

八十八岁的李先生也说自己安排好后事了。“自己的事情自己决定。将来要住哪儿，怎么能让子女为自己来决定呢?”

主妇联盟系统的合作社前主席谢丽芬在得了胰脏癌后，选择海葬，作为对于环境保护的最后一次努力。生前合作社和主妇联盟的一票朋友们在征询了谢丽芬的许可后，依照她的选择，忠于她的决定。海葬，是一种选择。

“给树当营养，挺好。”奇美集团的许文龙选择树葬作为归属。他在自己的传记《零到无穷大》中，特别将自己的身后事说明白，不和活人争地，也解释为什么将大部分的财产捐出来。

我很早就安排好自己的后事了。我对孩子们说，我最喜欢的是交响乐，葬礼上，就安排一个交响乐团演奏。“如果我存够钱，就是交响乐团。如果钱不够，就放交响乐 CD 给我听。另外要加放一首歌，《我不想走》。”的确，这个世界太美了，我真的不想走。

“至于骨灰，就分成几个部分，撒到我尚未旅行国度的河流去，让我走后继续旅行。”我交代子女。

“等一下，你得留下机票钱，要不然谁带着你的骨灰去那些国度呢?”语不惊人死不休的女儿冲口而出。

“我已经签了器官捐赠。在我还没断气前，你们就需要联络医院了。”我补充说。美国人在考驾驶执照时，就让驾驶人自己选择，要捐器官者，驾照上登记了，万一发生事情时，可以立即行动，在时间上最划算。我在考驾照时立刻登记，驾照费用还因此省了一些。我的美国驾照右下角有一个爱心，上面有一个“捐”的字样。

放弃急救，人数渐增

“另外，万一我怎么样，我当然不要急救。我不要电击、插管和气切，也不要心肺复苏术。”我怕痛，也不要苟延残喘地活着，因此我这样吩咐我的孩子们。

方家瑜的妈妈向卫生署（或台湾安宁协会）登记了“安宁缓和医疗照护”，在健保卡上登记放弃急救。“不要插管，不要电击，也不要气切！我要尊严地走完最后的一程。”方家瑜的妈妈说。

虽然人人贪生怕死，但若求生不得求死不能，那就太可怕了。因此，签署预立选择安宁缓和医疗意愿书，并标记于健保卡上，成为一种新的选项。

根据台湾安宁照顾协会统计，预立选择安宁缓和医疗意愿书的人口在二〇一〇年有五万笔，二〇一一年暴增到十万笔，二〇一二年仍在继续增加。“让机器延长最后一口气”成为没有尊严的象征。

同时，台湾安宁照顾协会统计，累计至二〇一二年九月止，台湾总共有十三万两千五百零八名民众在健保IC卡上标记放弃急救。

谁最看得开、签署人数最多？原来婴儿潮最猛，涵盖了两个年龄阶段，五十岁至五十九岁是冠军，共有三万五千四百三十六人，占25.9%；六十岁至六十九岁是亚军，计有两万八千一百二十二人，占22.4%；第三名的是四十岁至四十九岁，共有两万两千一百九十四人，占16%。三年级、四年级和五年级生加起来，居然囊括了64%。有趣的是，二〇一〇年的住院人数冠军也是四年级生。

哀伤的五个阶段

伊丽莎白·库伯勒·罗斯（Elisabeth Kübler - Ross）于一九二六年在瑞士苏黎世出生，一九五八年移民美国，由于自身童年的经验，一九六九年，她的 Kübler - Ross model “悲伤的五个阶段研究”，开始在时代杂志出现，针对人遭遇重大事件（如离婚）、死亡、丧亲等时的悲伤循环，提出见解，以帮助住进安宁病房和面对死亡的人了解自己的心理和情感变化阶段，让生命的最后得到平静。如图所示：

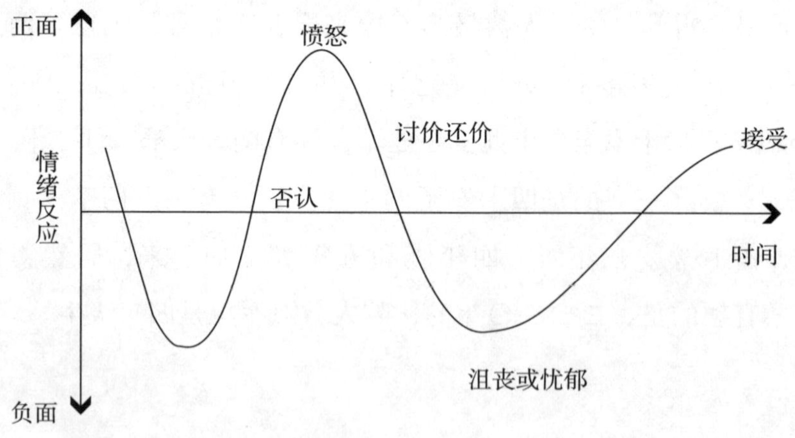

库伯勒·罗斯的思想体系是，每个人的处境都不同，悲伤的程度随着阶段不一样而变化，不是一成不变。有时候，有些循环会重复，有时候则会跳过某一个阶段。

在生命的最后阶段，面对死亡，你的心理过程会有很大的恐惧、害怕和挣扎，而你并不孤单，因为死亡是很大的冲击和割舍，就如苹果电脑的前总裁乔布斯生前说的："要进天堂，也想要活着进去。"要轻轻松松地死，几乎是不可能的，从古至今，唯有希腊哲学家苏格拉底一人能从容就死。你、我，以及众生，总是要挣扎不已。

哀伤的五个阶段如下：

一、否认：知道自己得了癌症或重大疾病，而即将不久人世时，一定会拒绝相信那是真的。有时候还想自欺欺人，说没那回事，我很好。我的爸爸向来乐观，看起来强健，虽有肝硬化，还是像山一样，我当然否认爸爸快死的事实，一直对自己说："不可能，不可能，一定是我的手足在骗我，要不就是医生误诊。"

二、愤怒：情感上会有很强烈的爆发和发泄情绪，并开始接受死亡的事实。最常听到人家说："为什么是我？""老天爷对我太不公平了！"很像一般人"恼羞成怒"的感受。我的爸爸是很帅、很勤劳、很幽默也很诚恳的人，我很生气，他一辈子工作那么辛苦，才要享福，却要走了，我当下觉得老天爷对我的爸爸很不公平。

三、讨价还价：既然无法抵御死亡的到来，就开始讨价还价。例如在面对我的爸爸即将死亡的时刻，我也曾经和上帝讨价还价："如果上帝让我的爸爸再活几年，我就受洗成为基督徒。""再给我一个月，让我完成……""让我看到孩子结婚，我就……"都是人的心理和情感的自然反射。说白一点，就是人到黄河，还不死心。

四、沮丧或忧郁：既然无法挽回，情感开始陷入沮丧或进入忧郁期，很灰心。心死了，当然什么人都不想理，什么话都不想听，只想一个人与孤独同在，同时有被抛弃之感。我当时到学校上课，很沉默，有一两个月都像是没有灵魂的人，老师说什么，压根儿没进入到我的脑海，也没有食欲，我觉得这个世界就要完蛋了。

五、接受：既已成定局，虽不满意，只能接受。开始理性平静下来，面对人生的最后一刻，也务实地准备人生最后一堂课的功课，希望自己离开得漂亮一点，有尊严一点，也留给后人一些礼物，包括有形和无形的。后来，我告诉自己，爸爸爱旅行，爱自由，又顽皮，他是去做一场很长很长的旅行。

在丧父的过程中，五个哀伤阶段，我统统经历过，也还历历在目。那是刻骨铭心的生命经验。

兰迪·鲍许（Randy Pausch）生前在卡内基梅隆大学作了一场风靡全美的演讲，题目是“全力实现儿时梦想”。那场演讲的视频在YouTube点播次数多到吓人（15971882次）。《华尔街日报》更将那场演讲称为“一生难觅的最后演讲”。

后来，那场演讲变成一本书，书名就叫作《最后的演讲》（台湾方智出版社出版）。在这本书中，鲍许开宗明义地说：

> 我有个工程问题。
>
> 我的身体虽然大致上还算健康，肝脏里却有十颗肿瘤，只剩下几个月可以活了。
>
> 我是三个小孩的父亲，太太是我梦想中的完美女子。我大可自怨自艾，但这么做不论对他们或是对我都没有任何好处。
>
> 那么，我该怎么度过这段非常有限的时间呢？
>
> 比较容易做到的部分，就是和家人相处，好好照顾他们。趁我还在人世上，我要深切把握和他们共处的每一个时刻，并

且做好各种必要的准备，让他们不至于在我离开之后不知所措。

兰迪的《最后的演讲》有许多深刻的观点和思考。那些“兰迪名言”，可以给正在挣扎的你一些省思和当头棒喝。那样的力量，是很惊人的。如果你到网站上点播兰迪·鲍许的《最后的演讲》（*Randy Pausch Last Lecture*：*Achieving Your Childhood Dreams*，http：//www. YouTube. com/watch？v = ji5_ MqicxSo&hd = 1），会看到鲍许一出场，就连续做了好多下俯卧撑，说明了他的人格特质。一个只剩下几个月生命的癌末病人，本来还被质疑体力和病况是否足以撑起一场演讲，而考虑取消。没想到一出场的俯卧撑，引起大家的震撼。

请记得，兰迪说：“我们改变不了事实，只能决定自己要怎么适应。我们改变不了上天发给我们的牌，只能决定怎么打这手牌。”

安宁离去，遗爱世间

生命的最后时刻

安宁病房的英文 hospice 源自于拉丁字 hospitium，意思是客房，是为那些去朝圣的疲惫或生病的旅客旅行时暂时居住的地方。

二十世纪六十年代，英国的医生 Dr. Cicely Saunders 率先在伦敦近郊成立圣多福安宁病房（St. Christopher's Hospice），以减缓病危病人的疼痛。一九七四年，安宁病房首次引入美国康涅狄格州的纽哈芬城（New Haven）。巧合的是，Haven 的英文意思是避风港，而末期病人需要的也是一个生命中的避风港，让摇摇欲坠的生命得以支撑。

如今，美国有超过四千七百项的安宁计划。二〇〇六年，安宁计划照顾了九十六万五千人。二〇〇七年，更扩大照顾了一百四十万美国人。在美国，80% 的安宁计划提供给病人和家属一个有如家的场所，护理之家亦是。

马偕医院于一九八二年引入安宁疗护的概念，一九九〇年，也在台湾设立第一个安宁病房。

安宁病房是为了重病、不会痊愈的人所设，是在生命的最后时刻可以选择入住的地方，目的是让病人舒服，并支持病人及其家属。

安宁病房不是要延长人的生命，也不是加快死亡。安宁病房的医疗团队和义工是以他们的医疗手段降低末期病人的痛楚，其目的是维护和增进病人的生活品质和生命尊严及舒适，它涵盖了所有的疾病症状，特别强调的是控制病人的痛和不舒服，并且缓和了病况对病人及其家属和朋友的情感、社交及心灵上所带来的冲击。

同时，安宁病房还提供给病人、家属、朋友心理上的辅导与咨询，包括生前和死后的亲友的心理辅导。

器官捐赠，救人无数

器官捐赠的观念愈来愈普及。在美国，器官捐赠十分普遍。驾驶人在考驾照时，监理单位就会给予捐赠器官的书面文件填写。同意捐赠器官的人，驾照的价钱省了一大半，也会在驾照上注明。我的美国驾照上就注明了我是器官捐赠同意者。

驾照是美国人很重要的身份证件。所以，万一有不幸事件发生，驾照立即可以派上用场，不需再等待其他文件的签署，当下就可以即时摘取和移植器官，马上就有无数在死亡边缘挣扎的生命能够得到拯救。

孙越叔叔说：

> “我们全家都有一张卡，它不是信用卡，它也不是全民健保卡，它是‘器官捐赠同意卡’。如果有一天你我不在了，这张卡可以帮助很多人延续他们的生命。你们家呢?”

张博雅在器官捐赠同意卡发行时说：

“生命银行开张了！生命银行正式发行器官捐赠卡，提供尊重生命、延续生命的服务。现有银行发行的卡，是身份的表征，而生命银行发行的卡，则是生命的尊严。我建议您的皮夹里，应该和我的一样，多一张这样有爱心又有新观念的卡。”

器捐须知

器官捐赠的定义：

“一个人不幸脑死时，把自己身上良好的器官或组织，以无偿的方式，捐赠给器官衰竭急需器官移植的患者，让他们能够延续生命，改善未来的生活品质，并且能继续贡献社会。这是一种大爱的情操，更是尊重生命的行为表现。至于活体器官捐赠，则是一个健康的成年人愿意在不影响自身的健康及生理功能的原则下，捐出自己的一部分器官或组织，提供给亲属或配偶作为器官移植。”

器官捐赠的范围分成组织捐赠和器官捐赠两种。组织捐赠包括骨骼、眼角膜、皮肤、小肠、心瓣膜、血管、气管、软骨组织、肌腱、骨髓等。器官捐赠，在台湾，包括心脏、肺脏、肾脏、肝脏、胰脏等器官。移植手术可帮助器官衰竭的病患因他人的器官捐赠而获得新生命。

器官捐赠还分成活体捐赠和尸体捐赠。

人体可以捐赠的器官包括心脏、肝脏、肺脏、肾脏、胰脏等。组织则包括骨、眼角膜、皮肤、小肠、心瓣膜、血管、软骨组织、肌腱等。骨骼用来修补由于肿瘤或癌症所造成的骨损伤。眼角膜可挽救眼角膜受损造成的视力损伤、失明。捐赠的皮肤做植皮手术可以拯救严重烧伤的病人。利用捐赠的心瓣膜为先天性瓣膜缺损的孩子做心瓣膜修补，可以恢复心脏的功能。

器官捐赠是在一切救命措施都无效，也就是脑死之后，医生家属及社工才开始讨论捐赠器官事宜。捐赠器官的捐赠者与受赠者的资料都需保密不可外泄，以防节外生枝。

脑死是生命的结束，生命中枢——脑干坏死，导致呼吸完全停止及器官逐渐败坏，视同死亡。

器官捐赠是在脑死的情况下才进行的。器官捐赠的条件是：

一、符合脑死条件而器官功能正常。

二、无恶性肿瘤病史。

三、无艾滋病病史。

四、无明显败血症。

五、无长时间（十五分钟以上）低血压、休克或无心跳（asystole）。

六、无明显肝病史或肝损伤（非绝对）。

七、无长期控制不良的心脏血管疾病、高血压或糖尿病，无心脏畸形之病史（非绝对）。

八、肺脏捐赠者必须胸部 X 光清晰；无明显胸部外伤、胸腔手术之病史。

九、年龄六十岁以下者（非绝对）。

如果你要捐赠器官，可以签署器官捐赠同意书，并随身携带该证件。如我，我的美国驾照就是我的器官捐赠同意书。

向“遗体老师”致敬

在花莲往台北的自强号火车上，我把正在阅读的英文版慈济遗体捐赠的书转赠给一对从荷兰来台湾自助旅行的年轻情侣。那对情侣看到“无语良师”（Silent Mentor）的字眼，先是吓了一跳，接着一路读到台北，没有停过手。

这对荷兰的年轻自助旅行者对我说，不知道台湾有这样杰出的医疗做法，否则该多留下来了解，可惜，翌日他们的飞机就要飞到菲律宾去了。

在参观慈济的“大舍堂”后，我的内心悸动无比。那是安奉“遗体老师”骨灰的地方，有地藏王菩萨日夜陪伴。

一九九四年慈济医院创立，李明亮院长苦无尸体让医学生解剖，他问警方，可有无名尸可提供给慈济大学。他希望可以找到实体，供医学院的学生解剖用，因为实体解剖总是和模型体解剖不同。医学生以前手术的第一刀，就是病人，也就是活着的人。对没有在人体上动过刀的医生，第一次，第一刀，是多么叫人发抖和胆寒。万一失手，一个病人的生命可能就在自己的手中消失了。

遗体捐赠的开始

一九九五年，彰化一位女性林蕙敏，打电话给当时的慈济大学校长李明亮，说她愿意在往生后提供自己的遗体给慈济大学医学生作为解剖之用。

那是台湾第一个遗体捐赠的实例。林蕙敏将自己的意愿对五个孩子说明：“我不是征求你们的同意，我是希望你们帮助我达成我的愿望。”她希望自己往生后，对台湾还有奉献的机会。

于是，她还帮慈济大学设计了“遗体捐赠同意书”，由她的五个孩子签署同意。

林蕙敏也成为台湾“遗体捐赠”编号的第一号，并开启了日后台湾捐赠遗体的风气。林蕙敏的女儿旋即加入，成为第一百零五号遗体捐赠者。如今，台湾已经有三万人签署遗体捐赠同意书，也有四百多个遗体老师诞生。

邱昭蓉是缅甸华侨，一生以追随德蕾莎修女照顾弱势族群的无私大爱为信念，在关山慈济医院担任医师时，她关心原住民和弱势族群，也亲自走入部落，还为配合原住民早出晚归的习惯而过夜，只为要帮助原住民健康。

在罹患癌症后，她也成为遗体老师。

陈灿晖教授是天主教徒，生前曾经阻止证严法师设立慈济大学的大举，他认为那是太艰难的任务，但旋即被证严法师的井水理论而感动，并捐出十两黄金作为慈济兴建医院之用，是第一位捐款兴建慈济医院的人。

他也捐出他的遗体给慈济大学。他虽是天主教徒，但也护持慈济，跨越了宗教的界限，让爱无穷大。

一对夫妻，林瑛琚和简美月，生前是急难救助、医疗志业和居家访视的志工。二〇一〇年三月，简美月因多重器官衰竭，捐赠遗体给慈济模拟手术中心。林瑛琚很伤心，他告诉自己，妻子到外国去当志工，自己留在台湾做志工，以此来让自己安心。同年七月，林瑛琚罹患肺癌，也将自己的遗体捐出。

捐赠遗体，成为“无语良师”的人，前仆后继，让台湾的医学生和医生们可以有更多机会在“无语良师”的遗体上，划出一刀刀，也缝上无数的线。

“遗体解剖学”是医学系学生三年级时的课程。另外，“遗体模拟手术教学”是慈济大学专有的课程，供医学系六年级学生和医师进行手术训练。而且，慈济大学还开放这部分资源与台湾的医学教授和医生做学术上的交流与研究，好让台湾的手术做出更多的研究与进步。

在一次我与慈济的证严法师会面时，她说有一个慈济捐赠遗体的人，李居士，在给医学院学生的课堂上教学时说：“我宁可你们在我身上划千刀，也不要你们在病人的身上划错一刀。”这就是捐赠遗体的意义之一，是为研究病症和让医学院学生有足够的人体做实验，这样在成为医师时，不至于因为和课堂模拟有差距，而增加失败率，进而可救更多人命。

慈济大学在启用遗体前，医学生需要到“无语老师”的家中访视他或她的家人，了解“无语老师”的个性和生前是什么样的人；在对他们的“无语老师”有一定的了解后，还要写一篇访视心得，才可以开始一整个学期与这位“无语老师”的学习。

在每一个遗体解剖前，慈济大学都会有四个仪式进行。

一、启用仪式。

二、追思仪式。

三、火化仪式。

四、入龛仪式。

捐赠遗体，是从零到有，再到无穷大的过程。台湾人的生命，因为有“无语老师”的大爱，而更加健康灿烂，寿命也更加长。因为，我们的医学生和医生，有更多的遗体实验，加上更柔软的心，和谦虚的态度，而能做到真正的视病犹亲。

红白包文化压垮老年人

面子文化，冲击老人经济

退休后，大部分人的收入都比工作时减少了，还有些人根本没有退休金，老年经济捉襟见肘是常有的事情。

台湾虽然早已经脱离贫穷的时代，但却没有抛弃贫穷年代的一些情结。例如红白包的文化，在二十一世纪，还是堂皇地耀武扬威。老年人的口袋变薄了，红白包却可能得包得更多，压得老年人喘不过气。爱面子的文化，又让老年人不敢开口说："我老了，没收入了，可不可以不用包红白包，只来祝贺或哀悼?"

红白包影响了老年人的社交，也提高了老年人的老年忧郁症指数，对老年人的身心健康有很大的冲击。

这一切的一切，都与台湾的三惊有关系。台湾的三惊，要用台语来发音，才更贴切。那就是"惊穷、惊输、惊死"，反过来看就是"爱钱、爱赢、死好"。

所以，台湾人一年到头都要拼命赚钱，而且，什么钱都要赚，合法、非法不管，只要是钱就要赚，有毒的黑心食物是证据。老年父母对年轻的子女说："孩子送到南部（或东部，或西部，或北部）

来，我们帮你照顾孩子。你尽管赚钱去。”年轻的子女也不问父母意愿，就大剌剌地对老年父母说：“我要赚钱，爸爸妈妈帮我照顾孩子吧!”因此，年轻父母成为周末父母，甚至是季节父母，更可怜的是年父母，或几年不见的“无缘父母”。为了要赚钱，台湾人亲情可以一边抛；要赚钱，家人没空一起晚餐，外面餐馆或路边摊随便吃；要赚钱，下班后还要应酬。

这和美国人大大不同。多数的美国年轻父母承担自己照顾孩子的责任。台湾的年轻父母义正词严地说：“房价高，我要赶紧赚钱买房子。爸爸妈妈，你们非得帮我照顾孩子不可。”那样地强人所难，不顾老年父母的体力也许不足以承受照顾孙子的能力，也许老人没有照顾孙子女的意愿。难道买房子比教养孩子重要？如果房价涨得像天一样高，为什么一定要买房子，租房子不行吗？

当我的孩子刚出生时，我的父母也对我这样说。三十年后，台湾的文化没有改变。任何年代的台湾人，总是重复拷贝先人的话，而没有思考，其中的损失有多大。

不只台湾人，在美国的华人移民也是如此，孩子生下才满月，就用包裹方式送到中国给老年父母照顾，说这样省钱。孩子长到四岁，可以上免费的公立幼儿园了，又用包裹方式寄回美国给父母，开始接受美国免费的义务教育。这些孩子入学了，发生很多精神上的疾病问题，随着移民美国的华人愈多，美国在这方面的研究也相对增多。

其次，台湾人“惊输”，而且“输人不输阵”，要孩子“不要输在起跑点上”，所以，拼上明星高中、明星大学，也要拼开名牌汽车。几乎多数的孩子都因为父母“惊输”，变得没有童年，只有忙着赶上补习班和安亲班的灰头土脸，甚至不知道天下有一种美好的感觉，叫作快乐。

移除三惊，更心安

话说回来，台湾人之所以“惊穷”，只因早期的台湾太穷，穷怕了。因此，有喜事时，要包红包庆祝，也帮忙当事人分担一些开支。如婚礼、祝寿、婴儿出生等等，人不到，红包也得到。而且不给红包，就是不给面子；不给面子，就是断了后路。

你没看到喜庆婚宴时，总有人专门在收礼金的柜台？而且就在入口的地方。

既然有红包，就有白包。因此，参加葬礼也要包白包。人不到，白包也得寄到。红白包文化说穿了，就是贫穷文化。

我的父母老年最大的开销不是就医的费用，也不是食物的开销，更不是休闲娱乐，而是红白包。

为什么会这样？红白包，就像保险的广告词一样，“活得愈久，领得愈多”。只是要稍微改成“活得愈久，付得愈多”。

我的父母年轻时，村里的人有喜事，就要给红包。这红包包括三代，有时甚至更多代。当他们年老时，新的三代出现了，就算没有见过面，也不认识那是谁，只知道是某某人的孙子要如何如何，红包也要到。白包的给法，也不脱离红包的范围。

台湾人要勇敢面对自己内在根本的三惊，要脱离贫穷文化，也杜绝贫穷的思考和观念。

就像我的哥哥最近为他的女儿欣仪所办的婚宴，就在喜帖上明白写出：“不收红包，也拒收礼物。”而且他执行得很彻底，如同包公办案。所以，我送去的礼物被退回来了。关于这一点，我倒是觉得，我的哥哥也未免跨得太大步了。毕竟，礼物是对年轻人婚姻的祝福。

为自己安排葬礼

告别式派对

两性作家曹又方生前是癌症末期患者，在生命即将结束前，她特地为自己举办了一个公开的生前告别式派对，新闻一出来，很多人都震惊，曹又方以如此乐观的方式面对自己的生命。在自己的“生前告别式”中，曹又方强调要“好好地活，也要好好地死”，希望能推动不同的生死观念，让死亡成为人生完美的句点。

“骨灰就撒到树林里。我用太多纸张了。”曹又方在生前告别式中宣布自己要树葬的心愿。

现年六十六岁的两性专家黄越绥声称，七十岁时也要为自己开一个告别式的派对，届时欢迎所有的朋友共襄盛举。“一个人包一千元来，我可以用这笔钱在死前为台湾做更多事。”她说。

黄越绥是乐观的人，总是语不惊人死不休。黄越绥似假还真地说，作家曹又方的生前告别会是来自她的点子。

而钟碧娟也有类似的想法，她要办一个告别式，在离开世界前，向亲友道歉或道谢。“有罪赶紧赎罪，该谢则谢。”钟碧娟是很洒脱的人，做事情向来利落爽快，有话直说。

一切都是为自己

我们没有为自己安排出生，可能连婚礼也不是自己安排的，但人生旅途的最后一站，怎能假手他人呢？

安排自己的后事，不至于太难。我们一定知道自己喜欢什么样的葬礼，就像我们知道自己喜欢什么样的婚礼，知道自己喜欢吃什么一样。

台湾人以前不习惯安排自己的葬礼，总是由家属安排。家属在突如其来的状况下，不得不硬着头皮接招。但因感情冲击太大、没有头绪，常在混乱中引起冲突。而且，台湾人不是以小家庭为核心，因此长辈的主张和愤怒，往往凌驾于上。如唱红《外婆的澎湖湾》的民歌歌手潘安邦的后事，是由其妻和儿子安排回到澎湖海葬，之后却引起长辈和手足的不快。

我爸爸的葬礼也是一波三折。爸爸匆匆走了，没有留下一句交代。妈妈主张依照民间习俗，用道教仪式办理，那是妈妈唯一熟悉的葬礼形式，也是妈妈的宗教。大妹信仰日本创价学会的佛教，她主张以该团体的仪式为葬礼，并且安葬在创价学会位于古坑华山的灵骨塔。小妹是基督徒，她当然希望爸爸的葬礼采取基督教仪式。哥哥和弟弟没有坚持。我在美国，没有参与。最后，大妹以我们舅舅的葬礼是采取创价学会方式完成，还有人助念，非常圆满作为理由，来说服大家。因此，掷杯"问爸爸的意愿"，成为解决的方法。

据知，我的所有手足都拒绝民间传统道教仪式，因为感觉这样的葬礼太严肃、太复杂，时间拉得很长，花费太庞大，而且精神上太哀伤，气氛太恐怖。唯独我的妈妈不能苟同，因为她和那样的仪式相处了一辈子。

几年后，我的妈妈还一直无法释怀，她觉得爸爸辛苦一辈子，却没有隆重的葬礼，实在太不值得了。

我的同学颜彩雪生前亲自选择灵骨塔，包括塔位，是一个可以远眺山峦的小家。

钟碧娟和郑文岚这对从教育前线退下来的四年级生也已经为自己的后事做好决定。

钟碧娟看好的位置，就是宜兰的一棵树。“我对孩子们说，三天就要出殡。烧完了，还有骨头，不能立即撒在树下，还得花五百元请人家把骨头磨成灰。”“自己磨，可以省五百元。”她如此怂恿孩子。儿子拒绝，说那太麻烦。“五百元还是花了好。”钟碧娟似乎对树葬情有独钟。而她的一个朋友选择海葬。“海葬也简单，骨灰加上水搅太白粉，揉成一粒粒的，丢入海里喂鱼。鱼儿们多开心啊!”

“如果参加宜兰县政府的树葬，连五百元磨骨的费用都免了。如果骨灰想要放在塔里，宜兰官方也有双塔位可以卖，很漂亮，有如度假村。一个塔位四万五千元，骨灰盒是两万元，总共六万五千元就搞定。”钟碧娟说得头头是道。

“郑文岚要捐出遗体让医学院做研究。”对于传统民间仪式，钟碧娟觉得有其意义，但太浪费资源，不符合现代步调快速的社会，如头七做到七七，虽然现在已改良从四十九天仪式缩到一天全部完成，但如此一来，又有必要花二十万元来办这样的葬礼吗？而且办完仪式后，得烧掉出殡的衣服或死者的衣物等，但其实那些资源可以回收。衣物可以送人。钟碧娟从环保、时间，以及金钱上衡量，都觉得葬礼可以简化。

面对身后事的新态度

我居住的梅岗城，虽然只有十万人口，但却有六座殡仪馆，其中有三座白人殡仪馆，三座黑人殡仪馆。梅岗城于一八二三年建城，当时美国南方种族歧视严重，黑人几乎都是奴隶。在种族隔离期间，黑白分明，火车站进出、饮水机、电影院、剧院、餐厅、学校、教堂……都是，所以殡仪馆也不例外。

美国人通常都早早就安排好后事，届时家人只要打一通电话给911，911 就立刻派人来家里检查。若当事者还有一口气，就立刻以救护车送到医院急救。若断气了，则打电话给验尸官。验尸官完成工作，就将遗体送至殡仪馆进行一些手续，如放血处置及化妆等。接着，大多数的工作都由殡仪馆安排与处理，如入棺时，亲友家人一起与死者相聚，缅怀这个人生前的一切，现场没有哀号哭泣，有的是温馨。然后将棺木移到教堂进行告别式，最后送葬的车队就前往墓地。路上的驾驶人看到这样有警察领衔的出殡车队，会自动停下来，礼让车队通行。

至于家人和子女，他们无须忙碌，也不需要通知亲友。殡仪馆包下了通知地方报社的工作，连所有的日期、时间与活动，都登载在地方报纸上，清清楚楚。美国人有每天看报纸讣闻版面的习惯，也会主动前往殡仪馆和教会参与丧礼活动。美国人一生中，至少有两次会上报纸，包括出生、订婚、结婚、死亡。死亡，基本上是一定要上地方报纸的，这等于向世人告别。

第一次告诉我他早已将自己的后事安排妥当的，是一个八十几岁的美国男人。“届时，我的太太只要打电话给 911 就可以，我连殡仪馆的账单都已经支付妥当了。我也杜绝我的子女来和我再婚的妻子争夺财产的可能。我事先都已经处理好了，那些不肖子女平时在我生病时连探望都没有，他们休想要我一分钱。”

后来我也陆续和一些美国朋友讨论他们的身后大事，就如同前面的朋友一样，“我都已经安排好了。账单也支付了。干干净净，没有给子女带来麻烦。”安妮塔甚至告诉我，没有自己做好这件事，人生就不算完成。而且，安妮塔还带我到一个漂亮的墓园去看她未来长眠的地方。那儿刻着她的名字和出生年月日，唯独死亡日期空白。

几年前我有一位美国对门邻居，一名终身未婚的八十岁女士往生后，她的财产继承人开放了她的家，让大家来买她穿过用过的衣物和鞋子。生意很不错，整个房子挤满了人。使用死者的物品，美国人一点也没有禁忌。资源不但没有浪费，买的人还很开心。

附 录

BEYOND YOUNG:GET ALONG WITH
YOUR GOLDEN AGE

丘引的一个人老后
（四十岁出头时的计划）

寻找安老梦家园

九年前，我四十六岁。当时除了在国立师范大学人文中心教“小钱游世界”的课程之外，我还为报纸和杂志撰写专栏，并且到处演讲。演讲的地区如果在台北市，我就骑着那辆曾经陪我环岛二十二天的脚踏车前去，我甚至还骑脚踏车到宜兰的宜兰社会大学演讲。对我这个除了爱旅行和读书外，因天生个性浪漫而低到几乎没有物质欲望的人来说，当时生活过得非常惬意。对我来说，天堂就是如此。

我以为我会那样老去。

在那之前，我足足花了两年的时间，在我刚搬入的大厦做义工。我的新居是有七十九户住户的三十年老旧大厦，有电梯搭乘，适合老人进出家门。我的个性爱好热闹，有人来疯的倾向，住大厦比住公寓或独栋房子来得恰当。大厦配有全天候的管理员，可以问候聊天，以驱除寂寞，万一有个三长两短，也不至于尸臭虫咬无人闻问，而且就在台北植物园的斜对面，环境优美不说，生活条件也好得无可挑剔。

选择台北植物园区域作为养老，我的想法是：

台北植物园是台湾的第一座植物园，从一八九六年迄今，占地约八点二公顷，种植超过两千种植物，有些树木已经一百多岁了。我想当我老时，我可以向“树瑞”学习。万一无聊，每星期研究一种植物，直到我入土，可能还没有研究完。

而地缘上，台湾最高的政治中心，“总统府”和“总统官邸”，就在附近，治安当然不在话下。因为“两总”是邻居，周围又都是机关学校，人口密度相对其他地区低，是名副其实的闹中取静，适宜怕吵又怕寂寞的老人居住。而且，附近至少有四所大学院校，若想再成长，要听课不怕没处去。再说，台北市有十二个老人中心，其中的中正区老人中心便紧邻植物园，要得到老人资源，唾手可得。若怕老，要和年轻人学时髦鬼混，西门町也在不远处招手。

火车站、长途巴士转运站、捷运、市公车、计程车和机场，也都环绕我左右，公车路线至少有二十路之多，有如计程车，随招随到，大众交通真便利，对不耐久候的老人简直如皇恩浩荡。几个传统市场和超级市场更在不远处。万一体力不济或四肢不勤，不想下锅下厨，爱吃什么口味，任我挑选。中正区的运动娱乐中心离家也近，内有游泳池、SPA、桌球、高尔夫球……要怎么玩怎么运动都行。

要老要年轻，要静要动，都在我的掌握之下。思前想后，我主观上认为这儿是全台湾最好，也最经济实惠的养老社区。

相遇，相知的开始

当时的大厦主委是一位牙医，在没有民主的投票下，他好意任命我为大厦的文化部长，理由只有一个，我是作家。除此，我们的大厦同时还成立了体育部，并设有义务的乒乓球和网球教练。那是大厦第一次破天荒地开始进入现代化社区、同时告别旧时代的分水岭。

既然凭空掉下来一个文化部长的头衔，总得做事，才不辜负这样的高位。做什么呢？我的想法很多。在没有经费，又想敦亲睦邻下，当时我有几个不同的想法，其中的一个构想是，既然我在全台各地的演讲经验多，可以通过演讲活动促进邻居们互相认识，是一个不错的想法，有点像是从前的农村杂货店，或以庙宇作为村人活动的中心。人就是人，人不能离群索居。人，要的是一个能够与人互动的环境与时刻，不论几岁，心底都渴望被接纳与接纳人，并能擦出生命的火花。

不论火花是短暂的一瞥，或是长远的存在，都震撼我们的内心深处。

我也想给大厦邻居们一个可以爆发火花的种子。不论大家的生命多长，也不管我们相遇相处的时间长短，能够彼此擦出生命的火花，就是闪闪发光的生命体。有些人会说，可遇不可求，我的想法是，擦出生命的火花是可以由人来创造的，既可遇也可求。

为大厦安排演讲活动，每月一讲的想法就在这种新旧思想交替和些许的浪漫情怀下出炉了。我花很多时间，一户户地按门铃拜访和认识邻居，常常在邻居家聊天，一聊就几个小时，甚至到深夜还欲罢不能。这样的想法和行动要花很多时间，对很多人来说，在台北大都会是有点“天方夜谭”的感觉。不过，交朋友本来就需要花时间的，不是吗？我相信，邻居们也都想要一个有人情味的社区，一个可以借盐巴要大蒜或泡茶喝咖啡闲嗑牙的社区。我更深信，没有人想要都会的冷漠和疏离。因此，我知道，这个梦想一定可以成真，可以拉近邻居之间的感情。

买房就是买邻居

做这些事情时，我的想法其实很简单，买房就是买邻居。买到好邻居，我就会有很多好朋友，这对已经身在中年的我，身心灵会更健康。那么，我的晚年住在这儿，连门都不必上锁，多自在啊！当然，平安幸福也会自然而然地在这儿等我。

足迹跨过五十几个国度，看过五十几个国家人民的生活方式，又在不同国度的人家借宿过不少次，那些自助旅行的经验，让我知道邻居的重要性。从那些自助旅行的经验中，我也了解到，不论我多么喜欢他们，多爱那些国度，我还是深深地懂得“远亲不如近邻”的真理。

当时在搬入新家时，除了儿子正在就读建国中学的近程理由，我另有一个远程目标，就是为我的晚年居住铺路。

我理想中的老年社区，应该是有电梯、好邻居、公园、医院、博物馆、音乐厅、戏剧厅、电影院、运动馆……居住地点又在市中心，购物和探访朋友也便利。如此一来，可以聊天、散步、就医、欣赏艺术、看电影，还可以做运动，如游泳，甚至有灵魂知交常伴左右。身心灵全面都被照顾到了，晚年的生命将是蓬勃而没有局限的。

就这样，我只花了二十分钟，就买到我理想的家。我的家很小，才六十多平方米，很适合一个人写作兼居住。

满足基本需求，身心皆顾

根据联合国老年人口的统计，在性别的因素下，女性比男性活得长寿，活得老，性别不平衡，女人独居必然是不可避免的未来趋势。后来我在美国大学就读，所修的老年学科的课本封面照片，就是九十岁的女儿和一百二十岁的妈妈一起吃早餐，还说那将成为未来普遍的社会现象。

看！我在还没有到美国读大学时，就已经看出将来趋势的发展方向了。

人老了，需要的其实不多，只是要一个可以散步、晒太阳的公园，好把老骨头翻出来曝晒一番，以免发霉或长虫生蛆，以及万一保养不当，过了保护期限，生病时可以修修补补就医的医院。植物园的多元植物有充足的芬多精，可以把老化的灵魂搅和一番，荷花池畔的空旷长椅凳也能让老骨头躺着晒太阳，并和来此欣赏荷花的人闲聊几句；而号称全台第一的台大医院及台北市立和平医院都近在咫尺；附近还有许多博物馆、美术馆、纪念馆、图书馆及其视听中心也都在走路就可到达的距离。另外，大众交通也便利，都符合我要的养老条件。

除了知心的老友外，也需要不必搭车就可以串门子聊天和互相帮助的好朋友。我认为，好朋友和好邻居的重要性胜过子女、手足或伴侣。子女和手足虽是血亲，但居住距离可能很遥远，个性可能也不相容，甚至话不投机半句多。对于伴侣，我相信人愈老愈挑剔，要找到真正的对手，并且能一起活到一样老，一样健康，一样快乐，一起死去，也就是人类心理发展学所说的灵魂伴侣，那才真是可遇不可求。由此，我确切地相信，进入老年，一个人到老，不只是偶然，而是必然。而老友吆喝来植物园相聚野餐喝咖啡聊天，多么方便。老友来医院就医，需要就近借宿，顺便聚聚，我的大门可是开着呢！

我的老年世界中心

每天到植物园散步晒太阳的老人很多，有外劳推着走的，也有自己推着轮椅的老人。常常，植物园还是老人和外劳的俱乐部。老人坐在轮椅上，有的眼神涣散，有的边打瞌睡时边流口水，还有的插着鼻管，谁也不认识，有的则由照顾的外劳搀扶着一步步艰难地走路。偶尔，五六十岁或七十岁的子女也尽尽孝道，陪着老年的父母走路，或推轮椅上的父母边走边说话。照顾老年人的外劳则个个年轻美丽，她们不是用家乡话一起聊天，就是用手机和朋友聊天，形成两种截然不同的世界。

听老人说话，或和老人说话的人少。根据老人们告诉我的，年轻人不喜欢和老人说话。我特别幸运，与年轻人不同，从小就特别喜欢听长辈们说话。他们有的是时间，慢慢地说，和我父母的急性子带来的压迫感不同。

而听老人说故事，可以解除老人的寂寞，这是从小就爱听故事的我的福报。如果我没有老到失聪的话，天天到植物园听老人说故事，可以让我返老还童，加上练气功和运动，也许我有机会变成很老很老的老妖精，成为植物园的传奇。并且，我还可以说故事给来植物园玩耍的小朋友们听，不但可以让他们看到我脸上的皱纹一条条如薯条，也会让日夜照顾教养他们而疲惫的父母松口气。

在那些因素交叉下，植物园理所当然成了我的老年世界中心。大厦的邻居也自然而然地成为我老年世界中心的小小宇宙。所以，经营我居住的大厦社区，就义不容辞了。

如此一番思前想后，我在按邻居家的门铃时，不只是勇气十足，还带着很多的想象，就像期待很久，要找回失联的老友一样。而且，我也想知道，我可以为大厦社区安排什么样的演讲，我可以邀请谁当主讲人，演讲的主题是什么，我又能如何将演讲的主题搭配，并且引起邻居听讲的兴趣。

门一开，路也出来了。我不只要认识邻居，也不只和他们交朋友，我还得在聊天中发觉他们的专长，并设计演讲题目，还得鼓起三寸不烂之舌，鼓励保守文化下的台湾人出来做公开的演讲。

满腹学问的老邻居

这个任务一点也不简单。幸而我天生的随和个性和亲切感及笑容，让我一出马就马到成功。邻居们一看到我，和我聊几句话，就被我的热情融化了，很快地认同我为社区办演讲的想法，而点头应允我的邀请。当然，我也很佩服我拥有天生辨识人家的能力和鼓吹人家做事的能力。虽说如此，我更相信，他们内心底层本来就有对邻居的需求。我只是点燃火种，让火花迸出来。

就这样，一次我就安排了连续半年的演讲节目。第一个出来演讲的人是我的八十八岁邻居，林春朝先生。他的讲题是“八八人生”。“八八”是好彩头，听起来就充满了好运道。这是林先生人生中的第一场，也是目前唯一的一场公开演讲。林先生上个月才过一百岁生日哩。

林春朝先生从四十几岁开始攀登台湾的百岳，到七十岁停止登山时，一共已爬了四五十座百岳。百岳是指台湾三千公尺以上的高山。对我这种身在海拔两千公尺以上的山就容易有高山症的人而言，林春朝先生就是那些百岳，巍巍屹立在我心中。他还跟团或和在美国的次子结伴自助旅行。林先生不只走过世界五大洲，甚至还踩过美国的五十个州。而且，百年如一日，林先生晚上八点半就寝，早上三点半起床。起床盥洗后，他一个人就走路到对面的植物园做运动。耳聪目明、记忆力奇佳的林先生每天读书，日文书和中文书，古文书和现代书，都在他的床头畔闪闪发光。他的养生之道，自然是我考虑送给我们大厦邻居首选的养生养老智慧礼物。

从这样的大厦演讲安排来看，如何养老，如何老得优雅，老得自信，老得漂亮，老得健康，老得有尊严，老得迷人，老得风趣，老得智慧，老得多彩多姿，甚至老得性感……都被涵括在其中。

后来，半年的演讲完成后，下半年的演讲计划又出炉了，演讲者和听众仍然是自家人。接下来，第二年的全年演讲，在第一年的成功演出后，顺顺利利地出场。

每次听讲，邻居们都各带一道菜到我们大厦的地下室去，一边吃着各家不同口味的菜肴，一边听着邻居的演讲。演讲者和听众之间，完全没有距离。邻居在两年的月月相聚下，互动更加频繁，加上我们有大楼图书馆可以借书，大楼读书会和电影会在邻居家交叉进行下，邻居变成好朋友，也水到渠成。

看在眼里，我暗爽在心里，不禁对自己额手称庆，“对！这就是我要的养老社区！”

老友要相聚，我快乐地说：“来吧！我家的大门随时开着欢迎你来。我家有很大的花园，还聘有专人管理和照顾哩！”

一位好朋友收到我的 E－mail 时，误以为我中了乐透彩，或有一个有钱的男人供养我，不禁在信里羡慕地说道：“看到你这么飞黄腾达，很为你高兴。你真有钱，我一定要来你的花园散步！”

当然，后来朋友知道我的花园，原来是“台北植物园”时，笑得不只是东倒西歪。

条条大道通老年

我的老年居家环境和构想看来是万无一失，得意扬扬的我，连晚上睡觉做梦都在偷笑，觉得人生如此，夫复何求。

谁知道人算不如天算，我那从南美洲的秘鲁交换一年的女儿，回到台湾的初中就踢到不补习的铁板。挣扎了个把月后，我开始思考，山不转，是否路转？

这件事，将我中年的如意算盘打乱，也改变了我的养老安老计划和准备，并意外地开发了一条通往老年的罗马之道。